Mäggi Kokta

VEGAN FEIERN

Mäggi Kokta

VEGAN *feiern*

Köstliches Fingerfood, bunte Buffets
und kreative Partyideen

Mit Fotografien von
Giulia Pschandl-Schausberger

Inhaltsverzeichnis

KNACKIGE KAROTTEN- UND KOHLRABI-STICKS

NUSSIG-FEINES KRÄUTER-CASHEW-RISOTTO

COUSCOUS-SALAT ALL'ARRABIATA

Das Leben ist ein Fest!

Ich liebe es zu feiern, liebe das Zusammenkommen mit Freunden und Familie, das Tanzen, Quatschen und Spaß haben! Natürlich geht es dabei immer auch ums Essen und Genießen – da sollten sowohl VeganerInnen als auch OmnivorInnen gemeinsam und zufrieden am reich gedeckten Tisch sitzen können oder beim bunten Buffet ohne Kompromisse, dafür aber mit viel Appetit zugreifen.

Rund um das Jahr 2000 wurde ich noch als exotisch angesehen, wenn ich in Restaurants, Cafés oder bei meinen Freunden nach vegetarischen Gerichten gefragt habe. Mit dem Wort „vegan" konnten viele noch gar nichts anfangen. Mittlerweile ist der vegane Lebensstil in aller Munde: Bei jeder Party, Hochzeit oder Familienfeier sind garantiert auch VeganerInnen dabei, die sich nicht mehr mit einem Salatteller und Pommes zufriedenstellen lassen. Bei den GastgeberInnen, die selbst nicht vegan leben, ist das Bewusstsein für diese Form der Ernährung inzwischen auch weit verbreitet.

Egal ob du selbst vegan lebst oder einfach eine Party schmeißt, zu der VeganerInnen eingeladen sind – es tut allen gut, mit rein pflanzlichen Köstlichkeiten zu feiern. Mit Mut zum Würzen und schön dekorierten Speisen wirst du deine Gäste garantiert begeistern!

Weil ich das Feiern und das Essen so liebe, ist mir dieses Buch ein besonderes Anliegen: Ich möchte dir damit ein buntes und praktisches Nachschlagewerk zur Hand geben, das dir dabei hilft, deine Gäste vielfältig und schmackhaft zu verwöhnen und auch selbst ohne Stress dein Fest zu genießen. Du findest darin handliche Köstlichkeiten für Buffets und Picknicks, festliche Gerichte für ein Menü auf der schön gedeckten Tafel bei der nächsten Familienfeier oder Gerichte für einfach jeden Anlass, die du ganz praktisch in kleinen Portionen präsentieren kannst. Ich habe für dich Frisches, Leichtes, Pikantes, Deftiges, Süßes und Saftiges zusammengestellt, damit du auch wirklich alle Geschmacksknospen deiner Gäste bezaubern kannst.

„LIEBE GEHT JA BEKANNTLICH DURCH DEN MAGEN … UND GERADE BEIM FEIERN GEHE ICH ALS VEGANERIN KEINE KOMPROMISSE EIN, WENN'S UM TIERLEIDFREIEN GENUSS GEHT!"

SOMMERLICHE KOKOS-ANANAS-CUPCAKES — S. 137

Damit dir die Anlässe zum Feiern nicht ausgehen, habe ich für dich auch die besten und originellsten Partyideen versammelt. Sie sollen dich nicht nur zum Ausprobieren animieren, sondern dich auch inspirieren: Wenn du deiner Kreativität freien Lauf lässt, fallen dir bestimmt noch viele weitere Ideen ein, um wieder einmal Leute einzuladen und das Leben gemeinsam zu genießen.

Es gibt noch einen weiteren Aspekt, der mir in diesem Buch besonders wichtig ist: das Thema Nachhaltigkeit. Durch bewusste Ernährungs- und Genussgewohnheiten kannst du eine Menge zu deinem Wohlbefinden und zu einem gesunden Planeten Erde beitragen. Auch beim Feiern darf deshalb die Nachhaltigkeit nicht zu kurz kommen, denn bei vielen Partys wächst mit der Anzahl der Gäste leider ebenso der Berg an Abfällen. Darum habe ich ein paar praktische Tipps und Tricks für dich, mit denen du deine Feste nachhaltiger machen und unserer Umwelt einen Gefallen tun kannst.

Nun wünsche ich dir viel Spaß beim Durchblättern, dass du dabei schon Appetit bekommst und deine Partypläne ganz bald in die Tat umsetzt.

Deine Veggi Mäggi

Danke!

Bedanken möchte ich mich bei Giulia Pschandl-Schausberger, der es wunderbar gelungen ist, meine Rezepte und Partyideen mit ihrer Kreativität und liebevollen Hingabe auf Fotos einzufangen.

Bei meinen vielen Freunden, die zu den Fotoshootings gekommen sind, möchte ich mich auch ganz herzlich bedanken. Die Belohnung in Form von Essen war euch hoffentlich eine köstliche Entschädigung!

Ein ganz besonders großes Danke möchte ich an meinen seit über 35 Jahren geliebten Mann Herbert richten: Herbert, du unterstützt mich bei allen meinen Vorhaben mit deinem ganzen Sein. Vielen Dank für deine tatkräftige Hilfe!

Nun möchte ich mich auch noch bei dir bedanken.
Ich freue mich, dass du dieses Buch in deinen Händen hältst, weil du dich auf den Weg gemacht hast, bewusster zu leben. Das Sprichwort „Du bist, was du isst!“ bedeutet für mich, dass wir nur glücklich und in Frieden leben können, wenn wir auch andere Lebewesen, die Tiere, achten und nicht quälen oder töten.

Go vegan!

Über mich

Das Kochen hat mich schon in meiner Jugend begeistert: Mit meiner Mutter habe ich kalte Buffets für Gäste und Kunden meines Vaters gezaubert. Seitdem hat sich meine Kochlust ungebremst weiterentwickelt.

Mein Mann und ich lebten bereits viele Jahre vegetarisch, als ich mich nach einer Lektüre von Ruediger Dahlkes „Peace Food" dafür entschied, ab nun vegan leben zu wollen. Das Buch hatte mich sowohl in ethischer als auch gesundheitlicher Hinsicht völlig aufgerüttelt.

Anfangs ging es mir wie den meisten: Ich dachte, dass ich ab jetzt fast nichts mehr kochen könnte und alle Lieblingsspeisen und wunderbaren Kreationen der letzten Jahre wohl nie wieder auf meinem Teller landen würden. Nach den ersten Schritten und veganen Koch- und Backbüchern wurde ich sicherer und erlebte ein wahres Feuerwerk an Kreativität in mir: Ich begann, meine Rezepte ins Internet zu stellen, und veröffentlichte mein erstes Buch „Jeden Tag vegan genießen" im Löwenzahn Verlag. Seit dieser Zeit bin ich als „Veggi Mäggi" bekannt.

Mittlerweile koche und backe ich nicht mehr nur für mich und meine Familie und Freunde, sondern backe auf Bestellung für Freunde und organisiere regelmäßig Veggie-Treffen, bei denen ich selbst koche oder Lokale unterstütze, die vegane Gerichte auf die Speisekarten nehmen möchten. Auf Facebook oder meiner Homepage *www.veggimaeggi.info* findest du zahlreiche Infos und Kochideen. Im Jahr 2013 habe ich gemeinsam mit meinem Mann Herbert und meinen Kindern Kristina und Klemens den BioVeganVersand gegründet, einen Online-Shop für pflanzliche Produkte aus Bio-Landbau. Besuche uns doch einmal auf *www.biovegan-versand.at*!

Mein Leben hat sich in diesen Jahren im positiven Sinne total verändert. Durch meine Liebe zu kreativer veganer Küche darf ich viele Menschen mit einfachen und gesunden Rezepten versorgen, deren Leben ein wenig versüßen und Tierleid vermeiden.

„MITTLERWEILE KOCHE UND BACKE ICH NICHT MEHR NUR FÜR MICH UND MEINE FAMILIE UND FREUNDE, SONDERN BACKE AUF BESTELLUNG FÜR FREUNDE UND ORGANISIERE REGELMÄSSIG VEGGIE-TREFFEN, BEI DENEN ICH SELBST KOCHE ODER LOKALE UNTERSTÜTZE, DIE VEGANE GERICHTE AUF DIE SPEISEKARTEN NEHMEN MÖCHTEN."

HILFREICHES ZUM BESSEREN VERSTÄNDNIS UND UMGANG MIT DIESEM BUCH

PIKANTER KREN-KAROTTEN-DIP – S. 23

„MÖCHTEST DU PORTIONSGRÖSSEN ÄNDERN, KANNST DU PRINZIPIELL DIE ANGEGEBENE MENGE IN DER ZUTATENLISTE EINFACH MULTIPLIZIEREN."

Dieses Buch ist mehr als ein gewöhnliches Kochbuch. Es soll ein inspirierendes Buch für Menschen sein, die vegan kochen und essen und die Gesellschaft von Freunden und Familie lieben. Neben Kochrezepten findest du also auch kreative und originelle Feierideen, mit denen du mehr Party in deinen Alltag bringen kannst.

Der erste Teil des Buches versammelt Rezepte aus verschiedenen Kategorien. Die Kategoriezuordnung soll es dir ermöglichen, schnell und einfach die für deinen Anlass geeignetsten Gerichte zu finden. Von praktischem Fingerfood über Schmackhaftes für kleine Schüsselchen oder Gerichte für festliche Menüs bis hin zu süßen Überraschungen gibt es alles, was dein Magen begehrt!

Mir liegt es sehr am Herzen, mich und meine Umwelt zu schonen. Deshalb verwende ich selbstverständlich nur Lebensmittel aus biologischem Anbau oder aus meinem eigenen Garten. Bei den einzelnen Zutaten verzichte ich darauf, das noch einmal zu betonen. Wenn ich Begriffe wie Joghurt, Wurst oder Milch verwende, ist damit natürlich immer die vegane Variante gemeint.

Nicht bei allen Gerichten war es sinnvoll anzugeben, für wie viele Portionen die Menge reicht. Deshalb findest bei manchen Rezepten die Gesamtmenge, so kannst du beispielsweise bei Aufstrichen auf den ersten Blick erkennen, wie viel Aufstrich für wie viel Kilogramm Brot du am Ende hast – du kannst dann je nach Laune, Anzahl der Gäste und gewünschter Dip-Vielfalt kombinieren und abändern. Möchtest du Portionsgrößen ändern, kannst du prinzipiell die angegebene Menge in der Zutatenliste einfach multiplizieren. Nur bei den Gewürzen, besonders bei Chili und Salz, ist dein Feingefühl gefordert. Am besten also vorsichtig sein und lieber am Ende noch einmal abschmecken.

Bei vielen Rezepten wirst du Mengenangaben in Teelöffeln (TL) oder Esslöffeln (EL) entdecken. Mir ist es wichtig, dich

FLAMMKUCHEN MIT KRAUT – S. 65

„IM ZWEITEN TEIL DES BUCHES FINDEST DU PARTYIDEEN, DIE DICH ZUM PLANEN, VERWIRKLICHEN UND WEITERENTWICKELN EINLADEN SOLLEN. BEI ALLEN EVENTS GIBT ES EINE AUSWAHL AN REZEPTEN, DIE ICH FÜR DEN JEWEILIGEN ANLASS FÜR GANZ BESONDERS PRAKTISCH HALTE."

zum Experimentieren zu ermutigen und deinen persönlichen Vorlieben Raum zu geben, deswegen verwende ich Gramm- und Milliliterangaben nur dort, wo es wirklich nötig ist. Die Angaben bei der Zubereitung im Backrohr beziehen sich auf ein Backrohr mit Ober- und Unterhitzefunktion. Verwendest du Umluft, solltest du im letzten Drittel der Zeit dein Gericht öfters kontrollieren, da sich dadurch die Backzeit um einige Minuten verkürzt.

Kochen bedeutet Individualität, Kreativität und Spontanität, und bietet deshalb immer Platz für Variationen und Ergänzungen. In meinen Kommentaren findest du praktische Tipps und Vorschläge, wie du deine Gerichte abwandeln oder aufpeppen kannst.

Eine Party zu organisieren und viele Gäste zu verköstigen benötigt viel Zeit. Bei manchen Gerichten ist eine Vorbereitung einige Stunden früher oder am Vortag nötig oder sinnvoll. Dafür halte ich besondere Vorbereitungstipps für dich bereit. So kannst du die Party schon entspannt und gut geplant beginnen.

Im zweiten Teil des Buches findest du Partyideen, die dich zum Planen, Verwirklichen und Weiterentwickeln einladen sollen. Bei allen Events gibt es eine Auswahl an Rezepten, die ich für den jeweiligen Anlass für ganz besonders praktisch halte. Mithilfe der Seitenangaben im Extrakasten kannst du die Rezepte ganz einfach im Buch nachschlagen. Natürlich kannst du auch alle anderen Rezepte für alle Feiermöglichkeiten nachkochen. Lass dich beim Durchblättern einfach inspirieren und deinen Appetit entscheiden!

Am Ende des Buches findest du ein erklärendes Lebensmittelglossar sowie ein Abkürzungsverzeichnis und ein alphabetisches Register mit allen Rezepten, die dir das Suchen erleichtern sollen. Gluten- und sojafreie Gerichte sind im Register extra zusammengefasst. So kannst du sichergehen, dass du auch Gäste mit Lebensmittelunverträglichkeiten kompromisslos glücklich machen kannst!

Nun bist du gewappnet für dein veganes Feierabenteuer. Schau doch gleich in deinen Kalender nach der nächsten guten Möglichkeit, Leute einzuladen. – Die Party kann beginnen!

DAS 1×1 DER VEGANEN LEBENSMITTEL

KÜHLER KOKOSMILCHREIS MIT CHIA-TRAUBEN-GELEE — S. 121

„*MILCH* AUS HAFER, SOJA UND REIS IST UNTER DER BEZEICHNUNG *DRINK* SCHON IN JEDEM SUPERMARKT ERHÄLTLICH UND HAT MEIST DIESELBEN EIGENSCHAFTEN WIE KUH- ODER SCHAFMILCH.“

Vegan zu kochen bedeutet nicht, immer auf Ersatzprodukte für tierische Lebensmittel angewiesen zu sein. Bei vielen Gerichten wirst du sehen, dass du ganz einfach mit Getreide, Hülsenfrüchten, Gemüse und Obst köstliche Gerichte zaubern kannst. Bei manchen wird es nötig sein, pflanzliche Alternativen zu verwenden. Es gibt inzwischen schon eine Vielzahl an Produkten, die in Supermärkten erhältlich sind. In bester Qualität erhältst du pflanzliche Ersatzprodukte im Bioladen und sie haben neben den vielen Vorteilen auch noch eine tolle Eigenschaft: Sie halten im Vergleich zu tierischen Lebensmitteln meist länger. Es lohnt sich also, immer einen Grundvorrat an veganen Alternativen im Schrank zu haben.

TIERISCHE MILCH:

„Milch“ aus Hafer, Soja und Reis ist unter der Bezeichnung „Drink“ schon in jedem Supermarkt erhältlich und hat meist dieselben Eigenschaften wie Kuh- oder Schafmilch. Auch aus vielen Nüssen lassen sich schmackhafte Drinks mit hohem pflanzlichem Eiweißgehalt herstellen, zum Beispiel Mandelmilch, Haselnussmilch oder köstliche Hanfmilch. Eine exotische Variante ist Kokosmilch, die sich gut für die asiatische Küche und zuckerfreie Desserts eignet.

RAHM, SCHLAGOBERS, JOGHURT:

Pflanzliche Cuisines aus Hafer, Soja, Reis oder Mandeln haben eine cremige Konsistenz und ersetzen lückenlos tierische Produkte. Sie sind sowohl kalt als auch warm einsetzbar. Je nach gewünschter Geschmacksnote geben sie den Gerichten darüber hinaus einen individuellen Charakter. Hafercuisine hat den Vorteil, am neutralsten zu schmecken. Ich benutze sie gerne zum Verfeinern. Aus Soja und Reis gibt es auch aufschlagbare Varianten. Damit zauberst du im Handumdrehen Sahnehäubchen auf den Kaffee oder einen appetitlichen Klecks auf Torten. Pflanzliches Joghurt aus Soja ersetzt Naturjoghurt und kann gut für Salatdressings verwendet werden. Gesüßt mit Kokosblütenzucker macht es sich besonders gut in gesunden Desserts.

HIMBEER-SCHOKO-TORTE – S. 138

„EINSTEIGER HABEN OFT DEN WUNSCH, IHRE ERPROBTEN, NICHT VEGANEN KUCHEN-REZEPTE EINFACH ZU VEGANISIEREN. DAZU GIBT ES VIELE ALTERNATIVEN BEIM BACKEN, DIE WIE EIER DEN TEIG BINDEN ODER LUFTIGER MACHEN."

TRAUBENKUCHEN MIT MANDELSTREUSELN – S. 133

EIER:

Einsteiger haben oft den Wunsch, ihre erprobten, nicht veganen Kuchenrezepte einfach zu veganisieren. Dazu gibt es viele Alternativen beim Backen, die wie Eier den Teig binden oder luftiger machen. Ei-Ersatzpulver findest du mittlerweile auch in Bio-Qualität. Es besteht aus verschiedenen Eiweiß- und Stärkemehlen.

Ich empfehle dir aber, neue, von Haus aus pflanzliche Rezepte auszuprobieren. Mit Sojamilch und Sonnenblumenöl high oleic (eine hocherhitzbare Sorte, die sich beim Backen und Braten bis ca. 170 °C nicht gesundheitsgefährdend verändert), wird Kuchenteig herrlich saftig-fluffig. Bei vielen Rezepten müssen Eier zudem gar nicht ersetzt werden. Palatschinken oder Nockerl funktionieren auch ganz einfach ohne.

Manchmal bietet es sich aber an, auf pflanzlichen Ersatz zurückzugreifen. Hier findest du meine kleine Hitliste der besten Alternativen zu Eiern:

- **Banane:** Sehr reife Früchte eignen sich als Ei-Ersatz in süßem Gebäck, wobei eine halbe Banane für ein Ei steht.
- **Apfelmus:** Das Pektin im Apfel bindet süße Backwerke. Für ein Ei nimmt man ca. 70 g Apfelmus als Ersatz.
- **Stärkemehl:** Da Stärkemehl neutral ist, kann es sowohl in pikanten als auch in süßen Speisen und Backwerken eingesetzt werden. Dazu einen Esslöffel Mais- oder Erdäpfelstärke mit wenig Wasser glattrühren und unter die Speisen mischen, anschließend entweder aufkochen oder backen.
- **Leinsamen:** 2 Esslöffel geschrotete Leinsamen in 2–3 EL Wasser eingerührt binden Flüssigkeiten in Brot und süßem Gebäck und bringen außerdem noch viele gesunde Ballaststoffe in dein Essen.
- **Soja-, Kichererbsen- und Maismehl:** Für deftige Laibchen bis zu feinen Desserts und vor allem beim glutenfreien Backen können die verschiedenen Eiweiß-Mehle gut verwendet werden. 1/2 EL entspricht 1 Ei.
- **Backpulver:** Biologisches Reinweinstein-Backpulver ist nahezu geschmacklos und macht jeden Teig locker und luftig.
- **Nussmuse:** Sie eignen sich besonders für Backwerke wie Muffins oder Rührteige, weil sie den Teig saftig machen und das nötige Eiweiß ins Backwerk bringen.

CASHEW-MOZZARELLA MIT TOMATEN – S. 113

„MIT EIN BISSCHEN EXPERIMENTIERFREUDIGKEIT KANNST DU SOGAR SELBST PFLANZLICHEN KÄSE HERSTELLEN."

GRÜNKERNLAIBCHEN „GREENIES" – S. 83

BUTTER, KÄSE:

Inzwischen gibt es auf dem Markt einige gute pflanzliche Margarinen in Bio-Qualität. Sie sind sowohl für Brotaufstriche wie auch für alle Kuchen und Kekse gut zu verwenden. Aus Sonnenblumenkernen oder Cashew-Kernen, mit Wasser und Zitronensaft im Standmixer oder mit dem Pürierstab cremig gemixt, lassen sich auch ganz neutrale Aufstriche herstellen.

Mit ein bisschen Experimentierfreudigkeit kannst du sogar selbst pflanzlichen Käse herstellen. Mit Hefeflocken, Gewürzen und frischen Kräutern sowie unter Einsatz von Fermentationsprozessen finden sich bald köstlich schmeckende Alternativen auf deinem Teller. Ein Rezept für Cashew-Mozzarella findest du zum Beispiel in diesem Buch auf Seite 113.

FLEISCH, WURST:

Bei Bio-Lebensmitteln findest du sehr gute Qualität. Sie werden meist aus Soja, Lupinen, Weizen- und Dinkelgluten hergestellt und können die vegane Küche als eigenständige Produkte bereichern.

VEGANE BRATLINGE:

Bratlinge, Burger, Laibchen – wie immer du sie auch nennst – dürfen auf keiner Party fehlen! Du kannst sie ganz einfach selbst herstellen und nach deinen individuellen Vorlieben gestalten. Damit sie dir auch garantiert gelingen, habe ich die vier wichtigsten Tipps hierfür zusammengefasst:

1. Gib immer etwas Flüssiges (z. B. Sojamilch oder Hafercuisine) und etwas Festes zur Grundmasse (z. B. Dinkelmehl, Maismehl oder Brösel).
2. Das Braten funktioniert nur in einer beschichteten Pfanne wirklich gut.
3. Die Bratlinge lieber nicht mit der Hand, sondern am Schüsselrand mit dem Löffel vorformen und zurechtdrücken: Sehr weiche Massen lieber etwas „dicklicher" formen, dann halten sie auch besser zusammen. Zu dünne Bratlinge zerfallen in der Pfanne leicht.
4. Du solltest die Bratlinge am besten nur ein einziges Mal nach ca. 3–4 Minuten wenden, wenn die Ränder goldbraun gebraten sind.

TIPPS UND TRICKS FÜR DAS KOCHEN IN GROSSEN MENGEN

„WENN DU PLATZ IN DER KÜCHE HAST, EMPFEHLE ICH DIR, WENIGSTENS EINEN WIRKLICH GROSSEN TOPF ANZUSCHAFFEN. NATÜRLICH KANNST DU DIR GROSSE TÖPFE UND FORMEN AUCH AUSBORGEN. VEREINE, SCHULKÜCHEN, KINDERBETREUUNGSSTÄTTEN ODER GROSSFAMILIEN IM BEKANNTENKREIS KÖNNEN DIR BESTIMMT AUSHELFEN.“

Eine Party mit Essen für viele Menschen muss natürlich gut geplant sein. Deshalb findest du hier eine Reihe praktischer Ratschläge, die dir das Organisieren und Kochen erleichtern sollen. Schließlich sollst auch du das Fest genießen können!

KOCHGESCHIRR

Wenn du nicht selbst in einer großen Familie oder Gemeinschaft lebst, besitzt du vielleicht keine großen Töpfe, Pfannen oder Schüsseln. Klar kannst du viele Gerichte auch in kleinen Gebinden kochen und damit ein buntes Buffet bestücken, aber für eine größere Party wirst du bald an Grenzen stoßen.

Ich selbst besitze schon seit Jugendtagen einen zehn Liter fassenden Kochtopf, weil mich so große Töpfe immer schon begeistert haben und an große Bauernhofgemeinschaften erinnern. Wenn du Platz in der Küche hast, empfehle ich dir, wenigstens einen wirklich großen Topf anzuschaffen. In der Beerensaison kannst du ihn zum Marmelade einkochen benützen oder zur Not auch einmal die Wäsche auskochen, falls die Waschmaschine streikt. Natürlich kannst du dir große Töpfe und Formen auch ausborgen. Vereine, Schulküchen, Kinderbetreuungsstätten oder Großfamilien im Bekanntenkreis können dir bestimmt aushelfen.

GEWÜRZE

Beim Kochen in großen Mengen brauchst du natürlich auch mehr Salz und Gewürze als für einen Singlehaushalt. Mit einer Prise Salz, Paprikapulver oder Kräuter kommst du da nicht weit, sondern musst vielleicht gleich einige Teelöffel davon verwenden. Achte beim Einkauf darauf, dass deine Gewürzvorräte vor dem Kochen gut gefüllt sind. Taste dich beim Abschmecken langsam voran, damit die Speisen auch nicht überwürzt werden. Zum Kosten lasse ich einen Löffel voll eine Minute lang überkühlen, so kann man den Geschmack am besten wahrnehmen und erschmecken, ob noch etwas fehlt.

FISOLENGULASCH MIT MINI-SEMMELKNÖDELN – S. 42

„UM NICHT IN ZEITDRUCK ZU GERATEN, KANNST DU DIR REZEPTE AUSSUCHEN, FÜR DIE DU SCHON VIEL AM VORTAG VORBEREITEN KANNST. MARINIEREN UND EINWEICHEN KANN MAN PERFEKT ÜBER NACHT!“

ZEIT

Ein weiterer Faktor für das stressfreie Gelingen einer Party ist die Zeit. Naturgemäß dauert es entsprechend länger, bis acht Liter Suppe in einem Topf zu kochen beginnen oder drei Backbleche mit Quiche knusprig gebacken sind. Um nicht in Zeitdruck zu geraten, kannst du dir Rezepte aussuchen, für die du schon viel am Vortag vorbereiten kannst. Marinieren und Einweichen kann man perfekt über Nacht! Einige Gerichte, wie zum Beispiel Gulasch oder Currys, schmecken aufgewärmt sogar noch besser und würziger. Damit gar nichts schief geht, rechne für die Vorbereitungszeit am Tag der Feier selbst noch mindestens eine Stunde zusätzlich ein – dann können dich auch kleine zeitraubende Missgeschicke nicht aus der Balance bringen. Vielleicht solltest du das eine oder andere Rezept auch schon vorher in Ruhe ausprobieren oder „im Griff“ haben. Das minimiert den Vorbereitungsstress enorm. Wenn du dann früh fertig bist, hast du auch noch genug Zeit, dich selbst in Feierlaune zu versetzen und dich deinem Outfit zu widmen, damit du deine Gäste nicht mit Küchenschürze und Lockenwicklern begrüßen musst. Letzte Handgriffe wie Abfallbehälter und Sammelplätze für das benutzte Geschirr aufzustellen, Infotafeln zur Orientierung anzubringen oder einen farbenfrohen Wiesenstrauß für den Buffettisch zu pflücken gelingen so auch noch, bevor die ersten Gäste ankommen.

GETRÄNKE

Du solltest dir Gedanken darüber machen, was deine Gäste trinken wollen. Das ist besonders bei sommerlichen Zusammenkünften wichtig. Ich liebe es, eine kleine Bar mit Kräuter-Wasser und Zitronen-Limo anzubieten, viele Gäste mögen auch einfach frisches klares Quellwasser aus Glaskrügen. So können sich alle selbst bedienen.

Bei Bier und Wein solltest du auf Bio-Qualität achten und vegane Weine besorgen, da viele Winzer mit tierischen Hilfsmitteln bei der Klärung und Weiterveredelung von Wein arbeiten. Bei Apfel- und Birnensaft bist du mit der naturtrüben Variante auf der sicheren Seite.

Verwende bitte nur Bio- und fair gehandelten Kaffee. Dazu solltest du pflanzliche Alternativen zu Milch und Sahne, wie Soja-, Hafer- oder Mandelmilch und Cuisines parat haben. Viele OmnivorInnen müssen sich erst an das neue Geschmackserlebnis gewöhnen. Du solltest also immer zwei Sorten anbieten, damit auch wirklich alle glücklich sind.

NACHHALTIG FEIERN LEICHT GEMACHT

Treffen viele Menschen aufeinander, ist das Thema Abfall und Resteverwertung besonders wichtig. Ein veganer Lebensstil beinhaltet großen Respekt vor der Natur – neben der Verwendung von fair produzierten und ökologischen Lebensmitteln sollte also auch eine nachhaltige Lebensweise immer eine Rolle spielen! In diesem kleinen Kapitel möchte ich dir Tipps und Tricks verraten, mit denen du deine Partys, Picknicks und Familienfeiern nachhaltiger gestalten kannst.

„IN DIESEM KLEINEN KAPITEL MÖCHTE ICH DIR TIPPS UND TRICKS VERRATEN, MIT DENEN DU DEINE PARTYS, PICKNICKS UND FAMILIENFEIERN NACHHALTIGER GESTALTEN KANNST."

WIE KANN ICH MÜLL VERMEIDEN?

Verpackungen aus Plastik haben zu Recht einen schlechten Ruf, deshalb solltest du bei deiner Party nach Möglichkeit auch auf Einweggeschirr aus Kunststoff verzichten. Du kannst zum Beispiel auf kompostierbare Teller aus Maisstärke zurückgreifen.

Wenn du versuchen möchtest, überhaupt keine Abfälle durch Einweggeschirr zu verursachen, könntest du einfach deine Gäste bitten, ihr eigenes Geschirr von zu Hause mitzunehmen. So ersparst du dir auch gleich eine Menge Abwasch und Aufräumen.

Flohmärkte sind auch eine gute Anlaufstelle, um ausgefallenes und individuelles Geschirr in großen Mengen und für wenig Geld zu erstehen. Ich habe zum Beispiel bei zwei Flohmarktbesuchen 45 gut erhaltene und witzige Suppenteller erstanden, um die sich meine Gäste manchmal sogar streiten. Suppenteller eignen sich nicht nur für Suppen und Eintöpfe, sondern auch für Salate oder Tortenstücke, da Dressing, Sahne oder Saucen nicht über den Rand hinauslaufen können.

UND WAS, WENN ESSEN ÜBRIG BLEIBT?

Selbst bei guter Planung bleibt manchmal viel Essen übrig. Wenn deine Freunde verschließbares Geschirr mitbringen, können sie die Reste ihrer Lieblingsgerichte ganz bequem mit nach Hause nehmen. Du könntest in den Tagen vor der Party auch kleine Kartonschachteln sammeln, in denen man Obst und Gemüse kaufen kann, und deinen Gästen zum

AVOCADO-PAPRIKA-JOGHURT-SALAT – S. 111

„WENN ALLE GÄSTE VERSORGT SIND UND TROTZDEM NOCH ESSEN DA IST, KANNST DU AM NÄCHSTEN TAG EIN PAAR FREUNDE ZUM BRUNCH EINLADEN. DIE LEUTE, DIE AM TAG DAVOR ZUM BEISPIEL KEINE ZEIT HATTEN, WÜRDEN SICH SICHER DARÜBER FREUEN, DOCH NOCH IN DEN GENUSS DEINER TOLLEN GERICHTE ZU KOMMEN!“

Verpacken der Speisen geben. Salate und flüssige oder cremige Gerichte transportiert man am besten in ausgewaschenen Schraubgläsern.

Wenn alle Gäste versorgt sind und trotzdem noch Essen da ist, kannst du am nächsten Tag ein paar Freunde zum Brunch einladen. Die Leute, die am Tag davor zum Beispiel keine Zeit hatten, würden sich sicher darüber freuen, doch noch in den Genuss deiner tollen Gerichte zu kommen! Mit Resten vom Buffet kannst du am folgenden Tag einen Eintopf oder eine cremige Suppe kochen. Je nach Zutaten kannst du aber auch alles einfach im Rohr überbacken oder einen bunten Salat daraus zaubern. Deiner Fantasie und Kombinationsgabe sind keine Grenzen gesetzt!

SO KLAPPT'S AUCH MIT DEN NACHBARN!

Zum nachhaltigen Feiern gehört außerdem, dass man nach einer Partynacht noch immer freundlich von den Nachbarn gegrüßt wird. Wenn du eine Feier planst, könntest du also beispielsweise deine Hausmitbewohner auch einladen oder, wenn das nicht möglich ist, sie zumindest über die anstehende Party informieren und am Abend dann die Musik und die Gespräche auf eine zumutbare Lautstärke reduzieren.

MEIN ÖKOLOGISCHER FUSSABDRUCK AUF DEM WEG ZUR PARTY

Wenn du nicht gerade deine Mitbewohner oder Nachbarn zu einem Fest einlädst, lässt es sich wahrscheinlich nicht vermeiden, dass deine Gäste zu dir anreisen müssen. Das wird vor allem bei Feiern der Fall sein, die im größeren Rahmen oder auswärts stattfinden. Sollten deine Freunde also auf ein Auto angewiesen sein, könnten sie Fahrgemeinschaften bilden. Das schont nicht nur unsere Umwelt und unsere Gesundheit, sondern löst meist auch gleich elegant Parkplatzprobleme.

AUF DIE *Hand*

Praktisches Fingerfood
& würzige Aufstriche

PIKANTER KREN-KAROTTEN-DIP

Sojajoghurt einige Stunden in einem mit Küchenpapier ausgelegten Sieb abtropfen lassen.

ERGIBT CA. 600 G AUFSTRICH
FÜR 1 KG BROT

500 g Sojajoghurt natur, abgetropft
50 ml Hafercuisine
1 TL Steinsalz
50 g vegane Margarine, zimmerwarm
200 g Karotten
1 Handvoll frischer Kren oder 2 EL Kren aus dem Glas
1 EL Flohsamenschalen, fein gemahlen

Kräuter, Sprossen, Blütenblätter und Mini-Chilis zum Garnieren

Mit der aufgefangenen Molke vom abgetropften Sojajoghurt kannst du kochen, Salatdressings zubereiten oder deinen Grünen Smoothie aufpeppen.

1. In einer Schüssel das Joghurt mit der Hafercuisine und der Margarine mit einem Schneebesen verrühren und salzen.

2. Die Karotten waschen, nicht schälen, da sonst wertvolle Aromen verloren gehen, und mit einer Gemüsereibe sehr fein raffeln.

3. Anschließend auch den Kren schälen und fein reiben oder den Kren aus dem Glas verwenden.

4. Nun mit einem Schneebesen unter stetigem Rühren nach und nach die gemahlenen Flohsamenschalen einrühren und zuletzt Karotten und Kren dazugeben. Alles noch einmal kräftig abschmecken und im Kühlschrank mindestens 2 Stunden ziehen lassen, dabei binden die Flohsamenschalen viel Flüssigkeit und machen den Aufstrich cremig.

5. Beim Aufstreichen auf Brot oder Gebäck verleihen dem Dip Blütenblätter, Mini-Chilis, Sprossen und frisch gehackte Kräuter ein paar appetitliche und aromatische Farbtupfer.

WÜRZIGER ROTE RÜBEN-SONNENBLUMEN-AUFSTRICH

Am besten über Nacht, mindestens aber 1 Stunde lang die Sonnenblumenkerne in Wasser einweichen. Die Roten Rüben mit der Schale mindestens 1 Stunde weichkochen und dann völlig auskühlen lassen.

ERGIBT CA. 700 G AUFSTRICH
FÜR 1 1/2 KG BROT

500 g Rote Rüben, gekocht
100 g Sonnenblumenkerne, eingeweicht
80 ml Wasser
1 EL Apfelessig, naturtrüb
3 EL Sonnenblumenöl
1 TL Steinsalz
1 Prise schwarzer Pfeffer
1 Handvoll frisch geriebener Kren
1 gestrichener TL Guarkernmehl

Kren und Kräuter zum Garnieren

Rote Rüben sind gesund und köstlich, aber sie färben sehr kräftig, deshalb schreckt die Zubereitung viele ab. Wenn's schnell gehen muss, verwende ich für diesen köstlichen Aufstrich bereits gekochte Rote Rüben, die es im Lebensmittelhandel zu kaufen gibt. Mit 1–2 EL Kren aus dem Glas statt frisch geriebenem Kren kann man auch Zeit sparen.

1. Die Rüben schälen, in walnussgroße Stücke schneiden und in eine hohe Schüssel geben.

2. Die Sonnenblumenkerne abgießen und mit frischem Wasser und Apfelessig mit einem Pürierstab fein pürieren.

3. Die Roten Rüben nun ebenfalls cremig pürieren und die Sonnenblumenkern-Masse gemeinsam mit dem Öl dazugeben. Anschließend mit Salz und einer Prise Pfeffer abschmecken und mit einem Löffel gut verrühren.

4. Nun den geriebenen Kren unterheben und nochmals mit Salz abschmecken, da die Rüben viel Salz aufnehmen.

5. Damit der Aufstrich nicht wässrig wird, kann man zum Schluss unter ständigem Rühren noch das Guarkernmehl mithilfe eines Teesiebs hinzufügen und bis zur gewünschten Konsistenz verrühren.

6. Den Aufstrich auf Brotscheiben verteilen und mit Kren, Kräutern und eventuell übrigen kleinen Rote Rüben-Scheiben garnieren.

EI-FREI-AUFSTRICH

ERGIBT CA. 600 G AUFSTRICH

400 g Naturtofu
50 g Spiralnudeln
100 g vegane Mayonnaise
1 EL Senf
2–3 EL Sonnenblumenöl
1 große Zwiebel
1 EL Kapern
1 EL Curry, gemahlen
1 TL Kurkuma
1 TL Kala Namak oder Steinsalz

1 Bund Schnittlauch und
evtl. essbare Blüten zum Garnieren

Dieser Aufstrich verblüfft schon alleine durch das Kala Namak, das schwarze Salz aus Indien, das bei der Herstellung geschwefelt wird und so den typischen Geschmack von Eiern imitiert. Die Idee mit den zerdrückten Nudeln (am besten eignen sich Spiralnudeln) hab ich von einer Freundin bekommen: So meint man tatsächlich, auf kleine feste Eiweißstücke zu beißen. Ein einfach genialer und tierleidfreier Genuss!

1. Den Tofu aus der Verpackung nehmen, mit Küchenpapier abtupfen und auf einer feinen Gemüsereibe in eine Rührschüssel raspeln.

2. In sprudelndem Salzwasser 50 g Nudeln al dente kochen, abseihen, mit eiskaltem Wasser abspülen und auskühlen lassen.

3. Die vegane Mayonnaise, den Senf und das Öl unter den geriebenen Tofu rühren. Die Kapern zerdrücken, die Zwiebel fein hacken und beides dazugeben. Mit Curry, Kurkuma und Kala Namak oder Steinsalz deftig würzen. Der Ei-frei Salat sollte cremig sein, je nach Konsistenz der Mayonnaise nach Belieben einfach noch einen Löffel unterrühren.

4. Die gekochten Nudeln werden nun auf einem tiefen Teller mit einer Gabel grob zerdrückt und zuletzt unter den Salat gemischt. Nun sollte der Salat noch mindestens 2 Stunden lang im Kühlschrank durchziehen.

5. Den Schnittlauch in feine Röllchen schneiden, den gekühlten Aufstrich in Gläsern oder kleinen Schüsseln anrichten und mit dem Schnittlauch garnieren. Schön machen sich darauf auch essbare Blüten.

TIPP: Die vegane Mayonnaise kannst du ganz einfach selbst aus Cashew-Kernen herstellen: 1 Handvoll Cashew-Kerne – das entspricht in etwa 70 g – 2 Stunden mit Wasser bedeckt quellen lassen, dann das Wasser abgießen. Anschließend mit 100 ml Hafercuisine, 1 TL Apfelessig und 1 TL Steinsalz cremig mixen.

LIPTAUER NACH ALTER TRADITION

Sojajoghurt einige Stunden in einem mit Küchenpapier ausgelegten Sieb abtropfen lassen.

ERGIBT CA. 700 G AUFSTRICH
FÜR 1 1/2 KG BROT

250 g veganer Topfen
500 g Sojajoghurt natur, abgetropft
50 g vegane Margarine, zimmerwarm
1 EL Kapern
1–2 Essiggurken
1 kleine Zwiebel
1 kleiner roter Paprika
1 EL Senf
1 EL Tomatenmark
1 EL Paprikapulver, edelsüß
1 EL Kümmel, ganz
1 TL Steinsalz

kleine Paprika- und Salatgurkenscheibchen und Schnittlauch zum Garnieren

Früher hat meine Oma immer mit mir beim Greißler offen angebotenen Liptauer gekauft. Für uns Kinder nahm sie den hellorangen, eher milden Liptauer und für meine Mama den feurig roten, scharfen. Wenn du auch gerne scharf isst, kannst du noch ein bisschen gemahlene Chili, Chilipaste oder scharfes Paprikapulver hinzufügen. Aber Vorsicht, manche Sorten haben es in sich!

1. Den veganen Topfen in einer Rührschüssel mit dem Joghurt und der Margarine mit einem Handrührgerät mixen.

2. Anschließend die Kapern, Essiggurken, Zwiebel und den roten Paprika in sehr kleine Würfelchen schneiden. Das geht am schnellsten mit einem Blitzhacker.

3. Der Topfen-Joghurt-Margarine-Masse die Würfel und die Gewürze beifügen und alles gut miteinander verrühren. Den Liptauer noch einige Stunden im Kühlschrank durchziehen lassen, dann schmeckt er am besten.

4. Auf Brotscheiben schön anrichten und mit kleinen Paprika- und Salatgurkenscheibchen und Schnittlauch garnieren.

TIPP: Wenn's schnell gehen soll, kannst du den veganen Topfen auch mit etwas Hafercuisine und 2 EL Olivenöl anstatt des abgetropften Sojajoghurts cremiger machen und dann weiter verarbeiten.

FARBENFROHE KRÄUTERTOPFEN-PAPRIKA-CANAPÉS

Sojajoghurt einige Stunden in einem mit Küchenpapier ausgelegten Sieb abtropfen lassen.

ERGIBT AUFSTRICH FÜR CA. 30 MINI-BRÖTCHEN

250 g Sojajoghurt natur, abgetropft
250 g veganer Topfen
3 EL Olivenöl
1 EL Kräutermischung, getrocknet
1 Prise Pfeffer
1 TL Steinsalz
2–3 Knoblauchzehen
1–2 Bund Schnittlauch
1 großer roter Paprika
3–4 Kornspitz

Leider bekommen Brote mit Aufstrichen, wenn sie zu lange im Freien stehen, oft angetrocknete Ränder. Mit diesem frisch-knackigen „Deckel" aus Schnittlauch und Paprika kann das nicht passieren – damit sehen die Canapés viel länger appetitlich aus.

1. Das Sojajoghurt in eine Rührschüssel geben und Topfen, Olivenöl, Kräuter und Gewürze einrühren.

2. Den Knoblauch schälen, in kleine Stücke hacken, etwas zerdrücken und ebenfalls einrühren. Die Masse anschließend einige Zeit zum Durchziehen in den Kühlschrank stellen.

3. Inzwischen den Schnittlauch mit einer Küchenschere zu feinen Röllchen zerkleinern und in einen großen Suppenteller geben. Den Paprika mit einem scharfen Messer in sehr kleine Würfelchen schneiden und mit den Paprikawürfeln locker vermengen.

4. Die Kornspitz in 1 cm dicke Scheiben schneiden mit dem Kräutertopfen 1/2 cm hoch bestreichen. Die Scheiben nun kurz in den Teller mit dem Schnittlauch-Paprika-Gemisch tauchen, sodass ein grünrotes Mosaik auf dem Aufstrich haften bleibt.

5. Anschließend auf einer Servierplatte schön anrichten. Das Auge isst schließlich mit!

MINI-VEGGIE-BURGER

ERGIBT CA. 45–50 STÜCK

500 g Grünkern
ca. 700 ml Wasser
1 Zwiebel
1 1/2 TL Steinsalz
1 EL Majoran
1 TL Paprikapulver, edelsüß
1 Hauch Chili, gemahlen
1 TL Curry
2–3 EL Sojasauce
3 EL Olivenöl oder Rapsöl
etwas Olivenöl zum Einfetten des Backblechs
5–6 Stück Kornspitz
1 grüner Blattsalat, z. B. Bataviasalat
200 ml Tomatenketchup
3 Mini-Salatgurken
25 Stück Kirschtomaten
mind. 45 Holzzahnstocher

Normalerweise mag ich nur frische und knusprige Kornspitz, in diesem Fall eignet sich Gebäck vom Vortag aber sogar besser, da die Scheiben dann nicht so schnell aufweichen und der Zahnstocher besser hält.

1. Den Grünkern in einer Getreidemühle schroten oder in einem Mixer oder einer Küchenmaschine grob mahlen, in einen großen Messbecher schütten und die Menge abmessen. Nun den Grünkernschrot in eine andere Schüssel füllen.

2. Genau 1 1/2-mal so viel Wasser wie den zuvor geschroteten und abgemessenen Grünkern in einem Topf zum Kochen bringen. In der Zwischenzeit die Zwiebel klein würfeln. Mit einem Schneebesen alle Gewürze und die Sojasauce einrühren und die Zwiebel dazugeben.

3. Den Topf von der Herdplatte nehmen und mit einem Schneebesen zügig den Grünkernschrot unterrühren. Die noch heiße Masse gleich mit einem Esslöffel auf einem geölten Backblech ca. 2 cm hoch verteilen und ca. 30 Minuten auskühlen lassen.

4. Die Kornspitz in ca. 1 cm dicke Scheiben schneiden und auf einem großen Tablett anrichten.

5. Auf jeder Scheibe mit einem Teelöffel einen kleinen Klecks Ketchup verteilen und ein Stück zurechtgezupftes Salatblatt geben.

6. Die Gurken in Scheiben schneiden und auf die Salatblätter legen.

7. Die Kirschtomaten halbieren und auf einem Teller bereithalten.

8. Die bereits ausgekühlte Grünkernmasse wird nun in gleichmäßige Quadrate geschnitten, die ein wenig kleiner als die Kornspitzscheiben sein sollten. Nun für jeden Burger mit einem Zahnstocher eine halbe Tomate sowie ein Grünkernwürfelchen aufspießen und auf die vorbereiteten Kornspitzscheiben stecken.

MINI-QUICHES AUS BLÄTTERTEIG

ERGIBT 24 STÜCK

3 EL Olivenöl
ca. 600 g Gemüsereste
(zum Beispiel: 1 roter Paprika,
200 g Champignons,
200 g Brokkoliröschen, 1 große
Karotte, 1 Stange Lauch)
1 TL mediterrane Kräutermischung
1 Prise Chili, gemahlen
1 TL Steinsalz
300 g Sojajoghurt natur
100 ml Sojacuisine
35 g Maisstärke
1/2 TL Kala Namak oder Steinsalz
1/2 TL Kurkuma
2 Pkg. veganer Blätterteig, gekühlt
12 Kirschtomaten

Ich besitze gleich drei Muffin-Backformen und benütze sie auch zum Transportieren der Mini-Quiches. Man braucht zwar zum Essen keinen Teller für dieses köstliche Fingerfood, allerdings sollte man kleine Behälter für die Papierreste am Tisch aufstellen.

1. In einer Wokpfanne oder einem hohen Topf das Olivenöl erwärmen. Das Gemüse klein schneiden, die Karotte raffeln, den Broccoli zerteilen und gemeinsam mit den Gewürzen bei mittlerer Hitze kurz im Öl anbraten, zur Seite stellen und abkühlen lassen.

2. Nun das Sojajoghurt in einer Schüssel mit den restlichen Zutaten mit einem Schneebesen glattrühren und würzig abschmecken.

3. Den Blätterteig aus dem Kühlschrank nehmen, aufrollen und mit einem Teigrad in insgesamt 24 gleich große Stücke teilen. Das darunterliegende Backpapier ebenfalls teilen und zusammen mit den Teigstücken in die Ausbuchtungen einer Muffin-Backform geben.

4. Das gebratene Gemüse nach Augenmaß auf jedes „Blätterteignest“ aufteilen.

5. Nun die Joghurtmasse mit einem Esslöffel auf dem Gemüse verteilen, je eine halbierte Kirschtomate in die Mitte setzen und im vorgeheizten Backrohr bei 190 °C ca. 20–25 Minuten goldbraun überbacken. Schmeckt warm und kalt vorzüglich!

TIPP: Erfahrungsgemäß wird bei zwei Blechen im Backrohr immer eines früher fertig und der Teig dann zu schnell dunkel, während das andere noch nicht ganz durchgebacken ist. Wenn du einen guten Heißluftherd hast, kannst du natürlich alle 24 Stück gleichzeitig backen. Möchtest du lieber auf Nummer sicher gehen, kannst du die Mini-Quiches auch einfach ab Schritt 4 unter zwei Durchgängen vorbereiten und backen.

KNACKIGE KAROTTEN- UND KOHLRABI-STICKS

ERGIBT 30 STÜCK

400 g Karotten
2–3 Kohlrabi
1 EL Suppenwürze
1 Messerspitze Chili, gemahlen
1/2 TL Muskat, gemahlen
Steinsalz nach Belieben
2 Pkg. veganer Blätterteig, gekühlt
100 ml Hafercuisine zum Bestreichen
2 EL Schwarzkümmel, Kreuzkümmel oder Sesam zum Bestreuen

TIPP: In meinem Kühlschrank gibt es einige Dinge, die ich immer zu Hause habe. Dazu gehören auch Karotten und Blätterteig, da beides vielseitig einsetzbar ist. So bin ich auch eines Tages auf dieses flotte und einfache Rezept gekommen, das jede Party rockt! Perfekt dazu passt ein blitzschneller veganer Dip aus Sojajoghurt natur, das mit frisch gehackten Kräutern und Kohlrabiblättern verfeinert und mit Steinsalz und einer Prise Pfeffer gut gewürzt wird.

1. Die Karotten waschen, aber nicht schälen, da sonst das Aroma verloren geht. Mit einem kleinen Küchenmesser die Kohlrabi von der äußersten Schicht befreien und die Kohlrabiblätter fein schneiden. Sie können anschließend noch in einem Dip, im Salat oder einer Gemüsesuppe Verwendung finden.

2. Nun mit einem guten Messer aus Karotten und Kohlrabi etwa 10 cm lange fingerdicke Sticks schneiden und in einen Suppentopf geben. Mit Wasser so weit aufgießen, dass das Gemüse gerade bedeckt ist, und mit Suppenwürze und allen Gewürzen aufkochen. Auf kleiner Stufe ca. 5 Minuten halbweichkochen, abseihen und etwas auskühlen lassen. Dieser Schritt kann gut vorbereitet werden – anschließend warten die Sticks im Kühlschrank auf ihren Einsatz.

3. Den Blätterteig aus der Kühlung nehmen, ausrollen und mit einem Teigrad in 30 gleich große Teile schneiden. Je ein Karotten- oder Kohlrabi-Stick an den Rand eines Teigstückes legen, einrollen und auf ein mit Backpapier ausgelegtes Backblech mit dem Teigende nach unten legen, damit die Sticks beim Backen nicht auseinanderfallen.

4. Die Hafercuisine in ein Glas geben und mit einem Backpinsel jede gefüllte Teigrolle auf der Oberseite bestreichen und mit Kümmel oder Sesam fein bestreuen.

5. Im vorgeheizten Rohr bei 180 °C ca. 25 Minuten backen, bis sie goldbraun sind und anschließend auf einem Kuchengitter etwas überkühlen. Die Sticks schmecken sowohl warm als auch kalt.

PIZZA-SCHNECKERL À LA MÄGGI

ERGIBT CA. 20 STÜCK

250 g Tomatenmark
2 EL Olivenöl
1 große Zwiebel
1 grüner Paprika
3–4 große Champignons
100 g Räuchertofu
1 EL Oregano, getrocknet
1/2 TL Steinsalz
1 Pkg. veganer Blätterteig
oder 1 Rolle veganer Pizzateig,
gekühlt

Pizza ist Everybody's Darling! Die aromatische Mischung aus Tomaten, Oregano und Teig – egal in welcher Form – beglückt unsere Gaumen. Darum sind auch diese Pizza-Schneckerl meist schneller weg als man schauen kann, also besser gleich die doppelte Portion machen! Statt Tomatenmark kannst du auch Tomatenketchup verwenden und brauchst dann kein Salz mehr dazugeben.

1. Tomatenmark in eine Schüssel geben und zusammen mit dem Olivenöl mit einer Gabel glattrühren.

2. Zwiebel, Paprika und Champignons in ganz kleine Würfel schneiden, den Tofu auf einem Teller mit der Gabel fein zerdrücken und dann alles gemeinsam mit dem Oregano unter die Tomatencreme mischen.

3. Den Blätter- oder Pizzateig aus der Kühlung nehmen, ausrollen und mit der Tomaten-Gemüse-Mischung bestreichen. Dabei unten auf der Längsseite einen Rand von etwa 5 cm frei lassen.

4. Nun von oben her der Länge nach den Teig zu einer Rolle zusammenrollen, mit einem scharfen Messer ca. 1–1 1/2 cm dicke Scheiben abschneiden und diese auf ein mit Backpapier belegtes Blech setzen. Beim Schneiden die Rolle möglichst nicht zusammendrücken bzw. den Scheibchen auf dem Backblech wieder eine rundere Form geben.

5. Bei 180 °C im vorgeheizten Backrohr ca. 20 Minuten goldbraun backen. Vorsicht: Die Unterseite neigt dazu, schnell dunkel zu werden, also besser kontrollieren und eventuell die Hitze reduzieren!

AUF DIE TÖPFE, *fertig, los!*

Suppen, Currys
& Gulasch

FISOLENGULASCH MIT MINI-SEMMELKNÖDELN

ERGIBT CA. 15 KNÖDEL IM DURCHMESSER VON 5 CM
FÜR 4–5 PERSONEN

FÜR DAS GULASCH

1–2 Zwiebeln
1 Stange Lauch
1 roter Paprika
1 TL Steinsalz
3 EL Olivenöl
500 g Fisolen, frisch oder aus der Dose
3–4 getrocknete Tomaten
200 ml Wasser
1 TL Steinsalz
1 EL Paprikapulver, edelsüß
1 Prise Chili, gemahlen
1 EL Majoran, gerebelt
1 TL Kümmel, gemahlen
1 EL Balsamicoessig
500 ml Wasser
100 g Tomatenmark
3 EL Tomatenketchup
1–2 EL Maisstärke

FÜR DIE SEMMELKNÖDEL

250 g Knödelbrot (Semmelwürfel)
3/4 l Sojamilch
1 große Zwiebel
50 g vegane Margarine
2 TL Steinsalz
1/2 TL Muskat, gemahlen
1–2 EL frische Petersilie, gehackt
150 g Dinkelmehl

1. Für die Knödel die Semmelwürfel in einer großen Schüssel mit der Sojamilch übergießen und mit einem großen Löffel umrühren.

2. Die große Zwiebel in kleine Würfel schneiden und in einer kleinen Pfanne in der Margarine glasig andünsten. Anschließend gemeinsam mit den Gewürzen und der Petersilie unter die Knödelmasse rühren und diese etwa 30 Minuten rasten lassen.

3. Für das Gulasch die Zwiebeln und den Lauch in Ringe und den Paprika in Streifen schneiden, salzen und im Olivenöl anbraten.

4. Die frischen Fisolen von Stengeln und Fäden befreien bzw. die Fisolen aus der Dose gut abtropfen lassen. Anschließend in 4–5 cm große Stücke schneiden und zusammen mit den klein geschnittenen getrockneten Tomaten im Öl kurz mitrösten.

5. Mit 200 ml Wasser aufgießen, die Gewürze und den Essig dazugeben und zugedeckt köcheln lassen, bis die Fisolen weich sind. Fisolen aus der Dose müssen nur etwa 3 Minuten lang gekocht werden.

6. 500 ml Wasser, Tomatenmark, Ketchup und Maisstärke mit dem Schneebesen glattrühren und unter ständigem Rühren zum Binden ins kochende Gulasch einfließen lassen. Noch weitere 5 Minuten leise köchelnd ab und zu umrühren, dann vom Herd nehmen und zugedeckt ziehen lassen.

7. Zu den eingeweichten Semmelwürfeln vorsichtig das Dinkelmehl hinzufügen, also mit dem Kochlöffel eher in die Masse drücken, und nur so lange rühren, bis alles gut durchmischt ist.

Ich bereite aus den übrigen Semmelknödeln gerne Knödel mit einer Eierspeise aus Tofu oder mit einer Schwammerlsauce. Für die Eierspeise brätst du Zwiebelwürfel in einer Pfanne an, zerdrückst Naturtofu fein mit einer Gabel, würzt ihn mit Kala Namak, Kurkuma und Curry, rührst alles mit 2–3 EL Pflanzencuisine glatt und gibst es anschließend noch 5 Minuten zu den Zwiebeln in die Pfanne. Ganz zum Schluss kommen auch die klein-gewürfelten Knödel dazu. Fertig ist die vegane Eierspeise mit Semmelknödeln!

8. Mit feuchten Händen Knödel mit einem Durchmesser von 5 cm formen und in einen Topf mit kochendem Wasser setzen. Dazwischen die Hände immer wieder kurz in Wasser tauchen. Bei halber Hitze ziehen und nicht wallend kochen lassen. Wenn alle Knödel oben schwimmen, noch ca. 10 Minuten auf kleinster Stufe weiter köcheln. Kurz vor dem Servieren erst mit einer Schöpfkelle herausheben und gemeinsam mit dem Gulasch anrichten.

TIPP: Meine Familie liebt Semmelknödel in jeder Variation, darum koche ich sie immer gleich in großen Mengen und serviere sie in den nächsten Tagen. In einem Glasgefäß mit Deckel verschlossen halten sie im Kühlschrank gut 3 Tage, einfrieren überstehen sie natürlich auch bestens.

NUSSIG-FEINES KRÄUTER-CASHEW-RISOTTO

FÜR 5 PERSONEN

5–6 Knoblauchzehen
3 EL Olivenöl
1 gehäufter TL Steinsalz
400 g Risottoreis
1 l Hafermilch
1 Bund frische Gartenkräuter oder 2 EL getrocknete Kräuter (z. B. Oregano, Basilikum, Thymian)
100 g Cashew-Kerne
2 EL Sonnenblumenöl
100 ml Hafercuisine
1/2 roter Paprika und 2 EL Hefeflocken zum Garnieren

Ein echtes Risotto gelingt nur, wenn man den Reis in Öl anschwitzt. Risottoreis ist eine spezielle Rundkornreissorte, die die Eigenschaft hat, Flüssigkeit im Inneren aufzunehmen und außen trotzdem knackig zu bleiben. Achtung: Bei Vollkornreis unbedingt erst am Ende salzen, da der Reis sonst hart bleibt!

1. Die Knoblauchzehen schälen und grob hacken. Das Olivenöl in einem Kochtopf erwärmen und den Knoblauch darin bei mittlerer Hitze 2–3 Minuten kurz anbraten und salzen.

2. Nun den Risottoreis dazugeben und 1 Minute lang mitrösten. Zunächst nur mit 1/4 Liter Hafermilch aufgießen. Bei kleiner Hitze und ohne Deckel unter gelegentlichem Umrühren die Flüssigkeit vom Reis aufnehmen lassen und alle paar Minuten einen großen Schluck Hafermilch nachgießen. Wenn nach ca. 15 Minuten die meiste Flüssigkeit im Reis steckt, kannst du kurz kosten, ob er schon weich ist. Falls nicht, einfach noch schluckweise Wasser nachgießen bis zur gewünschten Konsistenz. Je nach verwendeter Reissorte kann das unterschiedlich lange dauern.

3. Die klein gehackten oder getrockneten Kräuter ins Risotto rühren, zudecken, vom Herd nehmen und durchziehen lassen.

4. Die Cashew-Kerne mit einem großen Messer grob hacken, in einer Pfanne im Sonnenblumenöl hellbraun anrösten und beiseite stellen.

5. Das Risotto erneut mit Salz abschmecken. Auf tiefen Tellern oder in in kleinen Schüsselchen anrichten, mit den Cashews bestreuen und die Hafercuisine darauf verteilen.

6. Den Paprika in Streifen schneiden, das Risotto damit garnieren und mit Hefeflocken bestreut servierten.

GEMÜSE SÜSS-SAUER MIT OMAS RISIPISI

FÜR 5 PERSONEN

FÜR DAS GEMÜSE

1–2 Zwiebeln
350 g Karotten
250 g Chinakohl, ohne Grün
1/2 l Wasser
130 g Sojaschnetzel grob
3–4 EL Sojasauce
1 TL Steinsalz
1 TL Kreuzkümmel, gemahlen
1 TL Curry
4 EL Sojaöl
2 gehäufte TL Pfeilwurzelmehl
3 EL Reissirup
1 EL Apfelessig, naturtrüb

FÜR OMAS RISIPISI

3 Becher Wasser
1 TL Steinsalz
2 Becher Jasminreis
40 g vegane Margarine
ca. 350 g Erbsen, gekocht

Zu diesem Rezept hat mich die asiatische Küche inspiriert, obwohl Risipisi eigentlich auch etwas typisch Österreichisches aus Omas Zeiten ist. Endlich gibt es den Genuss von „Hühnchen süß-sauer" aus dem China-Restaurant auch ohne Tierleid!

1. Zwiebeln in dicke Ringe schneiden und die Karotten grob auf einer Gemüsereibe raffeln. Die Spitzen und seitlichen grünen Blattteile des Chinakohls entfernen, den weißen Strunk in 2–3 mm dicke Streifen schneiden.

2. Das Wasser zum Kochen bringen und die Sojaschnetzel zusammen mit der Sojasauce in einem Suppenteller damit übergießen und mindestens 5 Minuten ziehen lassen.

3. Das Gemüse nun mit den Gewürzen in Sojaöl kurz anbraten. Das geht am besten in einem Wok, gelingt aber auch in einem Kochtopf. Nach 3–4 Minuten die eingeweichten Sojaschnetzel samt Wasser dazugießen und aufkochen lassen.

4. In einer kleinen Schüssel das Pfeilwurzelmehl mit 2–3 EL Wasser glattrühren und gemeinsam mit dem Reissirup und dem Essig zum Gemüse geben und einmal kurz aufkochen lassen, damit es schön bindet.

5. Für den Reis das Wasser mit dem Salz zum Kochen bringen, den Reis dazugeben und 15 Minuten auf kleiner Flamme kochen lassen. Vom Herd nehmen, die Margarine dazugeben und zugedeckt mindestens 15 Minuten quellen lassen. Zum Schluss die gekochten Erbsen unterheben. Solltest du Erbsen aus dem Glas oder aus der Dose verwenden, dann erwärme sie vorher samt Saft und schütte diesen dann weg. Tiefgefrorene Erbsen sollten einige Minuten in wenig Wasser gekocht und dann ebenfalls abgeseiht werden.

TIPP: Aus den Spitzen und grünen Blattteilen des Chinakohls lässt sich mit einer Marinade aus Zitronensaft, Salz, Sesamöl und würfelig geschnittenen Orangen im Handumdrehen ein köstlicher Chinakohl-Salat zaubern.

DEFTIGER SEITANTOPF MIT APFELKREN

FÜR CA. 8–10 PERSONEN

FÜR DEN SEITANTOPF

3 EL Olivenöl
3 mittelgroße Zwiebeln
300 g Karotten
1 gelbe Karotte
100 g Sellerieknolle
1 1/2 TL Steinsalz
1 TL Curry
1 TL Majoran, getrocknet
1 l Wasser
1–2 EL Mandelmus
400 g Seitanfilet
4–5 EL Sojasauce

FÜR DEN APFELKREN

2 vegane Semmeln oder Bäckerweckerl
2–3 süß-saure Äpfel
3–4 EL frischer Kren, gerieben
1/2 TL Steinsalz
2 EL Sonnenblumenöl
1/2 Bund frische Petersilie

1. In einem ca. 2 Liter fassenden Topf das Öl erwärmen. Die Zwiebeln in dicke Ringe schneiden und im Öl 2 Minuten lang anbraten.

2. Karotten und Sellerie in kleine Würfel schneiden und zu den Zwiebeln geben. Mit Salz, Curry und Majoran würzen und bei mittlerer Hitze ca. 4–5 Minuten anrösten, dabei immer wieder umrühren.

3. Mit dem Wasser aufgießen, das Mandelmus einrühren und alles zugedeckt ca. 20 Minuten weichkochen.

4. Das Seitanfilet inzwischen in mundgerechte Stücke zerschneiden und in einer Lake aus Sojasauce marinieren.

5. Nun mit einem Pürierstab das Gemüse im Topf sehr fein pürieren, bis alles cremig ist. Anschließend die Seitanfilets einlegen und noch einige Minuten bei kleinster Hitze köcheln lassen, bis die Seitanstücke gut durchgewärmt sind.

6. Für den Apfelkren die Semmeln einige Minuten in warmes Wasser legen. Die Äpfel schälen und auf einer mittelfeinen Gemüsereibe raspeln. Den Kren von der äußeren Schicht befreien und ebenfalls fein raffeln.

7. Nun das Wasser aus den Semmeln fest ausdrücken, mit den Fingern in kleine Stücke zupfen und zu den geriebenen Äpfeln geben. Die Masse mit dem Steinsalz und dem Öl gut verrühren und zum Schluss noch den Kren unterheben. Mit etwas frischer Petersilie bestreut servieren.

TIPP: Zu diesem saftigen Eintopf passen am besten Hörnchen oder andere Nudeln aus Dinkel. 500 g Nudeln reichen für mindestens 8 Esser als Beilage.

SCHARFES KICHER-CURRY

Kichererbsen 12 Stunden in Wasser einweichen und anschließend noch 1 Stunde weichkochen.

FÜR 5 PERSONEN

2–3 Zwiebeln
1 Karotte
1 gelbe Rübe
1/2 Sellerieknolle
3 EL Sonnenblumenöl high oleic
1 1/2 TL Steinsalz
1 EL Curry
1 TL Kreuzkümmel, gemahlen
1 EL Senf, mittelscharf
1/2 TL Chili, gemahlen
500 ml Wasser
600 g Kichererbsen, gekocht
3 EL Wasser
2 gehäufte EL Pfeilwurzelmehl
oder Maisstärke
1 gelber Paprika
3 EL Olivenöl

Bohnennudeln haben einen hohen Eiweißgehalt, sind glutenfrei, machen satt und bringen Abwechslung auf den Teller – sehr zu empfehlen! Du bekommst sie im gut sortierten Bio-Handel, in Bio-Qualität selten auch in Asia-Läden.

1. 1–2 der Zwiebeln klein würfeln und Karotte, Rübe und Sellerieknolle auf der Gemüsereibe raffeln.

2. In einem Kochtopf mit ca. 2 Liter Fassungsvermögen das Sonnenblumenöl erhitzen und das Gemüse dazugeben, salzen und 2–3 Minuten scharf anbraten. Nun Curry, Kreuzkümmel, Senf und Chili hinzufügen und mit 500 ml Wasser aufgießen. Aufkochen und ca. 15 Minuten auf kleiner Flamme köcheln lassen.

3. Mit einem Pürierstab alles fein cremig pürieren. Die Kichererbsen dazugeben und noch einmal aufkochen.

4. Inzwischen in einer kleinen Schüssel Wasser und Pfeilwurzelmehl mit einem Schneebesen gut verrühren und in das kochende Curry einrühren. 1–2 Minuten leicht weiterkochen, bis es etwas eingedickt ist.

5. Die übrig gebliebene Zwiebel und Paprika in dünne Streifen schneiden und in einer kleinen Pfanne im Olivenöl 3–4 Minuten heiß anbraten und dann zum Curry geben.

TIPP: Als Beilage zu diesem Gericht eignen sich Jasminreis oder Bohnennudeln. Besonders schön sieht es aus, wenn du das Curry mit Chilis und im Backrohr gegrillten Kürbis-Schnitzeln garnierst.

CHINA-SUPPENTOPF MIT TOFU

FÜR 5 PERSONEN

1 Stange Lauch
2 Karotten
1/2 kleiner Sellerie
4–5 Champignonköpfe
250 g Süßkartoffeln
100 g Chinakohl
100 g Grünkohl
Fenchelgrün oder andere
frische Kräuter
2 TL Steinsalz
4 EL Sesam- oder Olivenöl
1 1/2 l Wasser
1/2 TL Mutterkümmel
1 TL Curry
1 Prise Chili, gemahlen
1 TL Ingwer, gerieben oder
1/2 TL Ingwerpulver
200 g Naturtofu
1–2 EL Sojasauce

Mit Glas- oder Reisnudeln kannst du diese Suppe zu einem Hauptgericht machen, das auch abends satt macht und doch leicht verdaulich ist.
Im Winter, wenn dir nach einem langen Spaziergang kalt ist oder du erkältet bist, wirkt diese Suppe wärmend und kräftigend.

1. Zuerst das Gemüse vorbereiten: Den Lauch in 1 cm dicke Ringe, die Karotten und Champignons in Scheiben, Sellerie und Süßkartoffel in kleine Würfel, Chinakohl und Grünkohl in Streifen schneiden und salzen. Das Fenchelgrün oder die Kräuter grob hacken.

2. Das Gemüse in einem Suppentopf im Öl bei halber Hitze anbraten, zudecken und zwischendurch immer wieder umrühren.

3. Nach 4–5 Minuten mit dem Wasser aufgießen, alle Gewürze hinzufügen, den Ingwer reiben und zum Rest geben und zum Kochen bringen. Maximal 5 Minuten leicht köcheln lassen, das Gemüse sollte noch bissfest sein.

4. Den Tofu in ca. 1/2 cm große Würfel schneiden. Vor dem Servieren die Suppe mit der Sojasauce abschmecken und den Tofu kurz darin ziehen lassen.

WÄRMENDE DINKEL-GEMÜSESUPPE NACH HILDEGARD VON BINGEN

FÜR 5–6 PERSONEN

200 g Dinkel, geschrotet oder sehr grobes Dinkelvollkornmehl
2 dicke Karotten
1 Sellerieknolle
1 große Zwiebel
4 EL Sonnenblumenöl high oleic
2 TL Steinsalz
1 TL Muskat, gemahlen
1 TL Kreuzkümmel
1 EL Apfelessig
2 l Wasser
1 Bund frische Petersilie, gehackt

In unserer Familie gilt diese Suppe als wahrer Kraftspender ähnlich der Hühnersuppe, die in der Traditionellen Chinesischen Medizin gerne in Grippezeiten empfohlen wird. Sie wärmt von innen und hilft der Verdauung, wenn man am Vortag ein bisschen zu viel gegessen hat. Wenn man die Suppe über Nacht im Kühlschrank aufbewahrt, dickt sie stark ein. Am nächsten Tag einfach mit Wasser aufgießen und eventuell noch nachsalzen.

1. Den Dinkel in einer Getreidemühle oder in einer Küchenmaschine grob schroten.

2. Karotten, Sellerie und Zwiebel in kleine Würfel schneiden, mit dem Öl in einem Suppentopf erhitzen, salzen und zugedeckt einige Minuten bei mittlerer Hitze andünsten.

3. Den Dinkelschrot oder das grobe Dinkelvollkornmehl zum Gemüse geben und 1 Minute mitrösten.

4. Anschließend die Gewürze und den Apfelessig hinzufügen, einmal kurz durchrühren, mit dem Wasser aufgießen und zum Kochen bringen. Auf kleiner Flamme zugedeckt 15 Minuten mehr ziehen als kochen lassen, dabei immer wieder umrühren, damit der Dinkel nicht anbrennt.

5. In Teller oder kleine Schüsselchen schöpfen und mit gehackter frischer Petersilie garnieren.

GEEISTE ZUCCHINICREMESUPPE

Die Suppe am besten am Vortag zubereiten und über Nacht kühl stellen.

FÜR CA. 10 PERSONEN

1 1/2 kg Zucchini
3 große Zwiebeln
4 EL Olivenöl
1 EL Rosmarin
1 EL Steinsalz
1 Bund frischer Oregano
3 l Wasser
1 EL Maisstärke
5 EL Wasser
1 EL heller Balsamicoessig

100 ml Hafercuisine, veganer Sauerrahm oder Joghurt und essbare Blüten zum Garnieren

Diese eisgekühlte Suppe ist das ideale Essen an einem heißen Sommertag, zum Beispiel nach der Gartenarbeit oder bei einem Picknick. Perfekt dazu passen das pikante Pizzabrot (S. 75) oder ein Irish Soda Bread (S. 79) mit reichlich Rosmarin.

1. Die Zucchini waschen und in ca. 3 × 3 cm große Würfel schneiden.

2. Die Zwiebeln schälen, halbieren und in dicke Scheiben teilen.

3. In einem großen Suppentopf das Olivenöl erwärmen, Zucchini, Zwiebel, Rosmarin und Salz dazugeben und bei mittlerer Hitze anbraten. Den Oregano vorsichtig von den Stengeln abrebeln, ein paar Blättchen zum Garnieren beiseitelegen und den Rest kurz mitdünsten. Mit Wasser aufgießen und 10 Minuten weichkochen.

4. Die Maisstärke mit Wasser und Essig in einer kleinen Schüssel glattrühren und in die Suppe gießen. Kurz aufkochen lassen, vom Herd nehmen und mit einem Pürierstab cremig mixen. Eventuell noch einmal mit Salz abschmecken, dann sollte die Suppe ohne Deckel auf Zimmertemperatur abkühlen, bevor sie in den Kühlschrank kommt.

5. Natürlich schmeckt die Suppe auch warm vorzüglich, im Sommer allerdings sollte sie gekühlt serviert werden, garniert mit einem erfrischenden Klecks Hafercuisine, veganem Sauerrahm oder Joghurt und essbaren Blüten.

GEMÜSECHILI MIT POLENTAHERZEN

500 g rote Bohnen über Nacht in 3 l Wasser einweichen und abseihen.

FÜR 8–10 PERSONEN

FÜR DAS GEMÜSECHILI

500 g rote Bohnen
3 l Wasser
4–5 Karotten
1–2 große Zwiebeln
3 EL Olivenöl
ca. 330 g Mais
ca. 700 g Tomaten-Polpa
(stückige, geschälte Tomaten)
2 TL Steinsalz
1/4 TL Chili, gemahlen
1 EL Balsamicoessig, hell

FÜR DIE POLENTA

1 3/8 l Wasser
1 TL Steinsalz
1 TL Muskat, gemahlen
1 EL Pizzakräuter, getrocknet
(z. B. Oregano, Basilikum, Thymian)
3 EL Olivenöl
500 g Polenta
4–5 getrocknete Tomaten

1. Für das Chili die zuvor eingeweichten Bohnen mit frischem Wasser bedeckt insgesamt eine Stunde zugedeckt weichkochen.

2. Nun für die Polenta das Wasser mit Salz, Muskat, Pizzakräutern und Öl aufkochen lassen und mit dem Schneebesen die Polenta zügig einrühren.

3. Die getrockneten Tomaten in kleine Stücke schneiden und ebenfalls untermengen. Sofort vom Herd nehmen und die Masse auf einem mit wenig Öl eingefetteten Backblech verstreichen und mindestens 1/2 Stunde auskühlen lassen.

4. Für das Chili nun die Karotten in 1 cm große Würfel schneiden und im letzten Drittel der Kochzeit mit den Bohnen mitkochen lassen.

5. Die Zwiebeln in dünne Scheiben schneiden und in einer kleinen Pfanne mit Olivenöl 4–5 Minuten anrösten.

6. Wenn die Bohnen fertig gekocht sind, den Mais, die Polpa und die angerösteten Zwiebeln dazugeben und jetzt erst salzen. Salzt man früher, werden die Bohnen nicht weich.

7. Aus der inzwischen ausgekühlten Polenta mit einer Keksform Herzen ausstechen und im Backrohr bei 50 °C warm halten.

8. Alles noch einmal aufkochen und ca. 10 Minuten leise köcheln lassen, dabei ab und zu umrühren, damit das Chili nicht anbrennt.

9. Mit Chilipulver, 1 EL Essig und gegebenenfalls noch etwas Salz pikant abschmecken und in tiefen Tellern mit den Polentaherzen garniert servieren.

Ein Chili mit roten Bohnen ist eine der Speisen, die die meisten Gäste jubeln lassen. Noch dazu ist es einfach zuzubereiten und erntet durch die Polentaherzen bestimmt großen Beifall! Chili schmeckt übrigens noch besser, wenn es aufgewärmt wird. Auch die Polentaherzen können schon am Vortag gekocht und dann zum Essen wieder im Backrohr aufgewärmt werden. Stressfreier kann man den Partyabend dann kaum mehr genießen!

Bon
Appētit

DIE STARS AUF JEDER *Party*

Pizza, Strudel & Brot

BLITZPIZZA MIT MAIS, ZWIEBELN UND OLIVEN

ERGIBT EIN BACKBLECH
FÜR CA. 5 PERSONEN

FÜR DEN TEIG

350 g Dinkelmehl
1 Pkg. Trockenhefe
1 1/2 TL Steinsalz
1/4 TL Vollrohrzucker
250 ml warmes Wasser
4–5 EL Olivenöl fürs Backblech

FÜR DEN BELAG

200 g Tomatenmark
1 EL Oregano, gerebelt
1/2 TL Steinsalz
1 Glas Zuckermais (ca. 300 g)
200 g Oliven, entsteint
2 große Zwiebeln

Vielleicht weißt du schon, dass es Hefe gerne warm mag? Bei diesem schnellen Pizzateig ist es besonders wichtig, dass nicht nur das Wasser, sondern auch alle anderen verwendeten Materialien wie Rührschüssel, Backblech und Kochlöffel lauwarm sind. Vor der Verwendung solltest du sie im Backrohr leicht anwärmen. Die kleine Menge Zucker hilft dem Teig zusätzlich dabei, schnell und ohne große Wartezeit aufzugehen, der Rest geschieht dann im Backrohr. Endergebnis: ein perfekt knuspriger Pizzaboden.

1. Aus Dinkelmehl, Trockenhefe, Salz, Zucker und dem warmen Wasser zügig mit einem Suppenlöffel den Teig zu einer Kugel und fünf Minuten zugedeckt rasten lassen.

2. Ein Backblech mit dem Olivenöl gut einfetten, dabei die Ränder nicht vergessen. Mit den öligen Händen den Pizzateig aus der Schüssel nehmen und auf dem Backblech verteilen. Dabei immer wieder mit den Fingern etwas Öl vom Rand aufnehmen – so klebt der Teig nicht an und kann gut in alle Ecken des Blechs gedrückt werden.

3. Nun mit dem Kochlöffelrücken vorsichtig das Tomatenmark auf der ganzen Fläche verstreichen, mit Oregano bestreuen sowie leicht salzen.

4. Den Zuckermais in einem Sieb gut abtropfen lassen, ebenso in Lake eingelegte Oliven. In Öl eingelegte Oliven können mit einer Gabel direkt auf den Pizzateig gelegt werden. Die Zwiebeln schälen, halbieren, in 2–3 mm dicke Scheiben schneiden und auf dem Tomatenmark verteilen. Die Pizza mit Mais und Oliven ebenfalls gleichmäßig belegen.

5. Im vorgeheizten Backrohr bei 190 °C ca. 20–25 Minuten backen. Wenn die Ränder leicht gebräunt und knusprig sind, ist die Pizza fertig. Das Blech einige Minuten stehen lassen und dann in ca. 10 × 10 cm große Stücke schneiden. Am besten funktioniert das mit einem Pizza-Schneider. Die Pizza schmeckt auch kalt noch vorzüglich!

FLAMMKUCHEN MIT KRAUT

ERGIBT EINE GROSSE RUNDE PIZZAFORM FÜR 3–4 PERSONEN

FÜR DEN TEIG

350 g Dinkelfeinmehl
1 Pkg. Trockenhefe
1 TL Vollrohrzucker
1 TL Steinsalz
200 ml warmes Wasser
2 EL Olivenöl

FÜR DAS KRAUT

400 g Weißkraut
3 EL Olivenöl
1/2 TL Steinsalz
1 Prise Chili, gemahlen
1 TL Kümmel
Oregano zum Bestreuen
1 große Zwiebel
1–2 Tomaten

Flammkuchen ist original französisch und wird anders als die italienische Pizza ohne Käse gebacken – mit Gemüsebelag ist er also leicht vegan zu machen, auch für Varianten mit Sauerrahm gibt es eine Alternative auf Sojabasis.

1. Für den Teig die trockenen Zutaten in einer großen Schüssel gut mit einer Gabel durchmischen und anschließend mit einem Esslöffel das warme Wasser sowie das Öl einrühren. Auch wenn der Teig schon fest ist, noch ca. 1 Minute mit dem Löffel in der Rührschüssel bewegen und mit einem Teller oder Tuch abgedeckt 20 Minuten ruhen lassen.

2. Das Weißkraut in dünne Streifen schneiden oder auf einem Gemüsehobel raffeln und in einer Pfanne im Olivenöl und mit Salz, Chili und Kümmel 2–3 Minuten anrösten und beiseitestellen.

3. Eine runde Pizza- oder Quicheform mit rund ausgeschnittenem Backpapier auslegen, mit etwas Öl einfetten und mit den öligen Fingern den Pizzateig in der Form gleichmäßig verteilen. Sollte der Teig kleben, entweder leicht Mehl drüberstäuben oder noch etwas Öl auf ihn tröpfeln.

4. Nun das angedünstete Weißkraut darauflegen und mit Oregano bestreuen. Die Zwiebel in Streifen und die Tomaten in Scheiben schneiden und den Flammkuchen damit belegen. Im vorgeheizten Backrohr bei 200 °C ca. 20 Minuten backen, bis der Teigrand gebräunt und knusprig ist.

DINKEL-WRAPS MIT BUNTEN FÜLLUNGEN

Der Teig sollte mindestens 30 Minuten im Kühlschrank rasten.

ERGIBT 8–10 WRAPS MIT EINEM DURCHMESSER VON 20–24 CM

400 g Dinkelfeinmehl
1 gehäufter TL Steinsalz
40 g Olivenöl
180 ml warmes Wasser

2–3 EL Mehl zum Bestäuben der Arbeitsfläche

Du kannst die Wraps auch vorbacken. In Frischhaltefolie halten sie im Kühlschrank zwei Tage. Vor dem Belegen musst du sie nur mehr 20 Minuten im Backrohr bei 100 °C aufwärmen oder sie kurz in eine heiße Pfanne legen.

1. Du kannst diesen Teig von Hand oder mithilfe einer Küchenmaschine kneten: In einer großen Schüssel das Mehl mit dem Salz verrühren, das Öl zugeben und weiterrühren.

2. Das warme Wasser jetzt nach und nach eingießen, dabei immer weiterrühren. Wenn sich die Teigkugel vom Schüsselrand löst und alles Mehl aufgenommen hat, ist genug Wasser im Teig. Sollte er zu klebrig sein, einfach noch ein wenig Mehl hinzufügen.

3. Die Arbeitsfläche mit 1–2 EL Mehl bestäuben und die Teigkugel noch 3–4 Minuten glattkneten. Den Teig zugedeckt im Kühlschrank mindestens 30 Minuten ruhen lassen.

4. Anschließend den Teig zu einer dicken Rolle formen und in 8–10 gleich große Stücke teilen. Jedes Teigstück zu einer glatten Kugel formen und auf einem bemehlten Brett ablegen.

5. Mit einem bemehlten Teigroller den ersten Wrap kreisförmig und sehr dünn ausrollen, dabei den Teig immer wieder leicht drehen, damit er gleichmäßig rund wird.

6. Eine beschichtete Pfanne auf eine hohe Temperatur erhitzen und den Wrap hineingeben. Nach ca. 15 Sekunden sind bereits leichte Blasen auf der Oberfläche zu sehen. Die Unterseite des Wraps immer wieder auf braune Punkte kontrollieren, umdrehen und weitere 30 Sekunden backen.

7. Einen großen Teller mit einem feuchten Tuch abdecken, den fertigen Wrap darauf ablegen und zudecken. Nun die restlichen Wraps backen. Die fertigen Wraps kannst du auf dem Teller im Backrohr bei 70 °C bis zum Servieren maximal 20 Minuten warm halten. Anschließend nach Lust und Laune füllen.

TIPP: Besonders zum Anbeißen schaut ein Wrap aus, wenn du ihn mit Sauce bestreichst, mit verschiedenen Köstlichkeiten und einem frischen Salatblatt belegst, fest zusammenrollst und dann in der Mitte durchschneidest. Handlich in Brotpapier-Streifen gewickelt, sind die Wraps besonders praktisch!

FÜLLUNGEN NACH LUST UND LAUNE

Grundsätzlich schmecken Wraps immer mit frischem Gemüse, knackigen Salaten und würzigen Saucen oder Cremen. Lass deiner Fantasie freien Lauf, lass dich von deinen vorrätigen Lebensmitteln inspirieren oder probiere eine der pikanten und süßen Varianten aus, die ich hier für dich zusammengefasst habe. Du kannst die Wraps füllen ...

- mit gebratenem Tofu, roten Paprikastreifen, einer Kräuter-Joghurt-Sauce und Lollo Rosso
- mit gebratenen Seitanstreifen, Tomatenscheiben, Knoblauchsahne, Chili und Eichblattsalat
- mit fermentiertem Tofu-Käse oder Mozzarella, Tomaten- und Zwiebelscheiben, Zucchini-Mayonnaise und Rucola
- mit fein geraspelten Karotten und Kohlrabi, Knoblauchtopfen und Feldsalat
- mit dünnen Apfelscheiben, Kräuter-Knoblauch-Joghurt, Rucola und Radicchio
- mit in Scheiben geschnittenen Erdbeeren und Bananen, Kokosblütensirup-Topfen, Mandelblättchen und Minze

GEMÜSEQUICHE VOM BLECH

FÜR CA. 4–5 PERSONEN

FÜR DEN TEIG

250 g vegane Margarine
530 g Dinkelmehl
2 TL Steinsalz
70 ml kaltes Wasser
Olivenöl fürs Backblech

FÜR DEN BELAG

1–2 Lauchstangen
1 roter Paprika
1 gelber Paprika
200 g Champignons
1 Brokkoli, mittelgroß und ohne Strunk
500 g Sojajoghurt natur
100 ml Hafercuisine
50 g Maisstärke
1/2 TL Kurkuma
1 Msp. Chili, gemahlen
1/2 TL Kala Namak oder Steinsalz

Die Quiche kann heiß und kalt genossen werden, wobei sie im ausgekühlten Zustand fast noch besser schmeckt. Sie ist also ein ideales Partyfood, das sich gut vorbereiten lässt! Du solltest sie in 10 × 10 cm große Stücke geschnitten und mit einem Pfannenwender schon vom Backblech abgelöst anbieten. So können sich deine Gäste bequem beim Buffet selbst bedienen.

1. Die Margarine in kleine Stücke schneiden und in einer Rührschüssel zügig mit Mehl, Salz und Wasser zu einem glatten Mürbteig verkneten.

2. Mit den Fingern ein Backblech mit Olivenöl einfetten und den Teig mit den öligen Händen auf dem Blech verteilen. Anschließend keinen Rand hochziehen, wie das normalerweise bei einer klassischen Quiche gemacht wird.

3. Den Lauch in Ringe, die Paprika in kleine Würfel und die Champignons in Scheiben schneiden, den Brokkoli in viele kleine Röschen zerteilen. Das Gemüse anschließend gleichmäßig auf dem Teig verteilen.

4. In der Rührschüssel das Sojajoghurt zusammen mit den restlichen Zutaten mit einem Schneebesen glattrühren, würzig abschmecken und mit einem Esslöffel über das Gemüse bis an den Rand verteilen.

5. Im Backrohr bei 180 °C 45–55 Minuten backen, bis die Ränder goldbraun sind und der Belag fest wird.

Für pikante Gerichte wie dieses ist meine absolute Lieblingsapfelsorte „Topaz“ bestens geeignet, da sie besonders aromatisch ist. Diese relative Neuzüchtung findet vor allem im Biolandbau Verwendung und ist bei uns leicht erhältlich.

ROTKRAUT-APFEL-STRUDEL MIT KNOBLAUCHDIP

ERGIBT 3 STRUDEL
FÜR CA. 6–8 PERSONEN
ALS HAUPTSPEISE

FÜR DIE ROTKRAUT-APFEL-MISCHUNG

1 kg Rotkraut
4–5 EL Olivenöl
2 Zwiebeln
1 TL Salz
1 TL Vollrohrzucker
1 TL Zimt
1/2 TL Nelkenpulver
100 ml Wasser
3 große aromatische Äpfel

FÜR DIE CREME

200 ml Hafercuisine
3 gehäufte EL Kichererbsenmehl
1 TL Steinsalz
1 Prise Pfeffer

3 Pkg. veganer Blätterteig, gekühlt

FÜR DEN KNOBLAUCHDIP

300 g Sojajoghurt natur
100 ml Hafercuisine
1/2 TL Steinsalz
3–4 Knoblauchzehen

1. Den Krautkopf halbieren und mit einem großen Messer in feine Streifen schneiden oder auf einem Gemüsehobel grob raffeln.

2. In einem Topf Olivenöl erhitzen und die Zwiebeln mit Salz und Zucker glasig andünsten.

3. Das Rotkraut dazugeben, mit Zimt und Nelken würzen, mit ca. 100 ml Wasser aufgießen und auf kleiner Flamme ca. 5 Minuten köcheln lassen.

4. Die Äpfel vom Kerngehäuse befreien und in kleine Würfel schneiden und zum Rotkraut geben. Den Topf vom Herd nehmen und ohne Deckel etwa 15 Minuten abkühlen lassen, da sonst der Blätterteig beim Befüllen zu weich wird.

5. Aus der Hafercuisine, dem Kichererbsenmehl und den Gewürzen eine Creme anrühren.

6. Den Blätterteig aus der Kühlung nehmen und aufrollen. Je ein Drittel des Rotkrauts der Länge nach in der Mitte verteilen, darauf je ein Drittel der Creme geben, den Teig darüber zusammenschlagen und im Backrohr bei 180°C ca. 25–30 Minuten goldgelb backen.

7. Das Sojajoghurt mit der Hafercuisine und dem Salz mithilfe eines Schneebesens glattrühren.

8. Den Knoblauch schälen, in kleine Stückchen schneiden, auf dem Schneidebrett leicht einsalzen, mit dem Messerrücken zerdrücken und mit dem Dip verrühren. Anschließend kurz durchziehen lassen. Den Dip entweder in einer schönen Schüssel mit einem Mini-Schöpflöffel anbieten oder jeweils 2 EL davon in kleine Gefäße füllen, die sich jeder Gast auf seinen Teller stellen kann.

WÜRZIGE KICHER-FLADEN MIT KNOBLAUCHSAUCE

ERGIBT CA. 25 KLEINE FLADEN MIT EINEM DURCHMESSER VON 10 CM

FÜR DIE FLADEN

350 g Kichererbsenmehl
50 g Maismehl
1 Prise Chili, gemahlen
1 1/2 TL Steinsalz
1 EL Thymian, getrocknet
100 g Ingwer
2 mittelgroße Zwiebeln
2 Knoblauchzehen
500 ml Wasser

Olivenöl zum Braten

FÜR DIE SAUCE

500 g Sojajoghurt natur
5–6 Knoblauchzehen
1 TL Steinsalz
2 EL Olivenöl
1 Bund Schnittlauch

Als Alternative zur Knoblauchsauce kannst du auch einen feurigen Dip aus etwas Tomatenmark mit Ketchup, 1 EL Olivenöl, Chilipulver, Salz, einem Spritzer Zitronensaft und kleingewürfeltem rotem Paprika anrühren. Du kannst sie nach dem Backen auch mit buntem Wok-Gemüse belegen. Schmeckt köstlich!

1. Für die Fladen die Mehle in einer großen Rührschüssel mit den restlichen trockenen Zutaten gut vermischen.

2. Den Ingwer mit einer Gemüsebürste fest abschrubben und auf einer sehr feinen Gemüsereibe raspeln und zum Mehlgemisch geben.

3. Die Zwiebeln und den Knoblauch in kleine Würfel schneiden und ebenfalls in die Rührschüssel geben.

4. Nun das Wasser dazugießen und mit einem Schneebesen alles gut miteinander zu einem glatten Teig verrühren. Anschließend sollte er sollte mindestens 20 Minuten rasten.

5. Eine beschichtete Pfanne mithilfe eines Pinsels mit dem Olivenöl einölen und noch einige Tropfen Öl extra hinzugeben. Jeweils einen Esslöffel voll Teig vorsichtig in der Pfanne ausstreichen und bei mittlerer Hitze ca. 2–3 Minuten anbraten, mit einem Pfannenwender umdrehen und die zweite Seite wiederum mindestens 3 Minuten knusprig braun werden lassen. Für die nächsten Fladen wieder etwas Öl in die Pfanne geben.

6. Für die Sauce die Knoblauchzehen schälen und mit einem Messer grob hacken. Das Joghurt mit Olivenöl und Steinsalz glattrühren, den Knoblauch dazugeben und mit frischem Schnittlauch dick bestreut zu den Kicher-Fladen genießen.

APFEL-KÄSE-TOAST

ERGIBT 1 TOAST

2 Scheiben Toastbrot
5 g vegane Margarine
1 Scheibe veganer Käse
1/2 Apfel
2 EL Ketchup

1. Beide Toastscheiben ganz dünn mit Margarine bestreichen.

2. Auf eine davon eine Scheibe Käse legen.

3. Den Apfel halbieren, das Kerngehäuse entfernen, 3–4 hauchdünne Scheiben abschneiden und auf den Käse legen. Mit der zweiten Toastscheibe bedecken und in den Toaster oder zwischen zwei Grillplatten legen.

4. Den fertigen Apfel-Käse-Toast halb in eine Serviette einschlagen und mit Ketchup servieren.

SO BRINGST DU ABWECHSLUNG IN DEINEN TOASTER

Eine weitere, blitzschnelle und schmackhafte Variante ist der deftige **Pizza-Toast,** bei dem du anstatt des Apfels dünne Zwiebelscheiben und Rucola-Blätter verwendest.

Sei doch mutig und zaubere deinen Gästen einmal eine **süße Toast-Variante** – so etwas haben sie bestimmt noch nie gegessen: Zwei Toastscheiben mit Mandelmus bestreichen, dünne Apfel- oder Bananenscheiben auflegen, den Toast zusammenklappen und etwas andrücken, damit beim Toasten nichts herausfällt. Bestreue diese nussig-fruchtige Köstlichkeit noch mit etwas Zimtzucker, wenn sie frisch aus dem Toaster kommt. Einfach paradiesisch!

Dinkel

PIKANTES PIZZABROT

ERGIBT CA. 600 G PIZZABROT

450 g Dinkelfeinmehl
50 g Keimlingsmehl
1 Pkg. Trockenhefe
1 1/2 TL Steinsalz
1 EL Rosmarin, getrocknet
1 EL Thymian, getrocknet
1 Msp. Chili, gemahlen
150 g getrocknete Tomaten, klein geschnitten
300 ml warmes Wasser
3 EL Olivenöl

2 Knoblauchzehen, fein gehackt zum Bestreuen

Das Keimlingsmehl verwenden auch viele Bäcker, es lockert den Teig zusätzlich auf und macht ihn besonders saftig-fluffig.

1. Zuerst alle trockenen Zutaten in einer Rührschüssel gut miteinander vermischen.

2. Das Olivenöl ins warme Wasser gießen und die Flüssigkeit dann über das Mehlgemisch gießen. Mit einem Esslöffel so lange rühren, bis alle Zutaten gut vermengt sind und sich der Teig vom Schüsselrand löst. Nun mit einem Teller abgedeckt an einem warmen Ort eine Stunde lang stehen lassen, bis der Teig in der Schüssel hochsteigt.

3. Das Backrohr auf 220 °C vorheizen und ein Backblech mit Backpapier auslegen. Nun den Teig aufs Papier gleiten lassen und mit dem Löffel in eine runde Form bringen. Anschließend ca. 20 Minuten backen. Gegen Ende hin immer wieder eine Sichtprobe machen und die Backzeit minutenweise verlängern, bis das Brot leicht gebräunt und knusprig ist.

4. Das Pizzabrot aus dem Ofen nehmen, mit dem Knoblauch bestreuen und auf einem Kuchengitter etwas überkühlen lassen.

TIPP: Dieses Pizzabrot schmeckt warm und kalt! Ich gebe auch gerne Oliven in den Teig, das schmeckt dann traumhaft zu sommerlichen Salaten oder zu Cashew-Mozzarella mit Tomaten (S. 113). Manchmal setze ich mit einem Esslöffel auch kleine Teigkugeln aufs Backblech – daraus werden praktische Pizzasemmeln, die besonders mit dem Kräutertopfen (S. 31) gefüllt sehr köstlich schmecken.

WALNUSSSEMMELN

ERGIBT CA. 10 STÜCK

300 g Dinkel-Weißmehl
1 Pkg. Weinstein-Backpulver
1 Handvoll Walnüsse, gehackt
1 TL Steinsalz
1 TL Brotgewürz, gemahlen
(Koriander, Kümmel und Fenchel)
200 ml warme Hafermilch

Gebäck und Brot lassen sich mithilfe von Backpulver sehr leicht hefefrei herstellen. Meiner Erfahrung nach schmeckt es aber nur frisch sehr gut und sollte spätestens am nächsten Tag verzehrt werden. Ich verwende nur Backpulver aus Reinweinstein als natürliches Triebmittel. Es hat den Vorteil, dass man es nicht aus dem Teig herausschmeckt, auch wenn man einmal zu viel davon erwischt hat.

1. Für diese flotten Semmeln werden alle trockenen Zutaten in einer Rührschüssel gut miteinander vermischt.

2. Die Hafermilch lauwarm erhitzen und die Zutatenmischung damit übergießen. So lange es geht, mit dem Löffel gut durchrühren oder mit einem Handrührgerät mit Knethaken durchkneten.

3. Ein Backblech mit Backpapier belegen, dann mit dem Löffel 10 kleine runde Häufchen aufs Blech setzen und eventuell noch mit den Fingern und einem Löffel nachformen.

4. Das Blech ins kalte Backrohr stellen und bei 170 °C ca. 25–35 Minuten goldbraun backen. Auf einem Kuchengitter auskühlen lassen und den Gästen mit Kräutertopfen (S. 31) oder veganen Käsescheiben anbieten.

IRISH SODA BREAD MIT GEWÜRZEN

ERGIBT CA. 750 G BROT

200 ml aufschlagbare Sojasahne oder normale Sojacuisine
150 ml Sojamilch
2 EL Apfelessig, naturtrüb
250 g Dinkelfeinmehl
250 g Dinkelvollkornmehl
1 TL Natron
1 TL Weinstein-Backpulver
2 TL Steinsalz
2–3 EL Brotgewürzmischung, grob gemahlen (z. B. Kümmel, Anis, Fenchel, Koriander)

etwas Mohn oder Kümmel zum Bestreuen

In Irland wird Brot gerne mit Soda gebacken, eine Hauptzutat ist aber meist Sauermilch. Da ich gerne hefefreies Brot esse, habe ich mir selbst eine vegane Variante ausgedacht, die super schmeckt, immer gelingt und vor allem sehr schnell fertig ist. Die Brotgewürze überdecken den anfangs vielleicht gewöhnungsbedürftigen Geschmack des Speisesodas. Wer Anis, Fenchel und Co nicht so gerne mag, kann auch Rosmarin oder gehackte Walnüsse in den Teig mischen.

1. Sojasahne und Sojamilch in einer Schüssel mit dem Apfelessig kurz verrühren und stehen lassen.

2. Alle trockenen Zutaten in einer großen Rührschüssel mindestens 1–2 Minuten gut miteinander verrühren, damit sich Natron und Gewürze gleichmäßig verteilen.

3. Nun die Sojamilch-Mischung zugießen und weiterrühren, bis eine schöne Teigkugel entsteht, anschließend 5 Minuten rasten lassen.

4. Ein Backblech mit Backpapier auslegen und den Teig aus der Schüssel aufs Blech gleiten lassen – dabei den Teig wie einen länglichen Wecken quer übers Backblech formen, mit Mohn oder Kümmel bestreuen und ins kalte Backrohr geben. Bei 170 °C ca. 30 Minuten backen. Wenn die Oberfläche leicht gebräunt ist, noch weitere 10 Minuten bei 140 °C nachbacken. Auf einem Kuchengitter ganz auskühlen lassen und noch am selben Tag genießen.

PARTYFOOD IN ALLEN *Formen*

Bratlinge, Spieße
& Gemüsevariationen

GRÜNKERNLAIBCHEN „GREENIES“

ERGIBT CA. 20 LAIBCHEN
MIT EINEM DURCHMESSER
VON CA. 6 CM ODER
14 VEGGIE-BURGER-LAIBCHEN
MIT JE 100 G

500 g Grünkern
ca. 700 ml Wasser
3 EL Olivenöl oder Rapsöl
1 Zwiebel
1 1/2 TL Steinsalz
1 EL Majoran
1 TL Paprikapulver, edelsüß
1 Hauch Chili, gemahlen
1 TL Curry
2–3 EL Sojasauce
1 Bund frische Salbeiblätter

Olivenöl oder Kokosspeisefett
für die Pfanne

Aus dieser Grünkernmasse mache ich auch gerne Veggie-Burger, immerhin ergeben 500 g geschroteter Grünkern 14 Laibchen zu je 100 g für saftige Burger aus Bio-Semmeln. Gefüllt mit einem Salatblatt, veganer Mayonnaise, Ketchup, einer Tomatenscheibe und Zwiebeln ist das ein gesunder Snack für deine Partygäste!

1. Den Grünkern in einer Getreidemühle schroten oder in einem Mixer oder einer Küchenmaschine grob mahlen. Anschließend in einen großen Messbecher schütten und die Menge abmessen.

2. Nun den Grünkernschrot in eine Schüssel geben und genau 1 1/2-mal so viel Wasser wie Grünkern in einem Topf zum Kochen bringen.

3. Die Zwiebel in kleine Würfel schneiden und währenddessen in einer kleinen Pfanne das Olivenöl erhitzen. Darin die Zwiebel etwa 3–4 Minuten anrösten.

4. Mit einem Schneebesen alle Gewürze und die Sojasauce in das kochende Wasser einrühren, den Topf von der Herdplatte nehmen und zügig den Grünkernschrot sowie die gebratene Zwiebel unterrühren. Die Grünkernmasse zugedeckt ca. 1 Stunde auskühlen lassen. Bis hierhin kannst du die Laibchen auch schon gut am Vortag vorbereiten, um am Tag des Festes mehr Zeit für andere Dinge zu haben.

5. Mit feuchten Händen Teigstücke abnehmen und zu ca. 2–3 cm dicken Laibchen formen, in die Mitte jeweils ein frisches Salbeiblatt drücken und dann bei mittlerer Hitze in einer beschichteten Pfanne in Öl von jeder Seite ca. 3 Minuten hellbraun anbraten.

TIPP: Für fast alle veganen Laibchen gilt: Immer nur einmal wenden, andernfalls steigt das Risiko, dass sie zerfallen oder bröckeln.

KAROTTENPUFFER

ERGIBT CA. 15 LAIBCHEN

600 g Karotten
1/4 l Soja- oder Hafermilch
1 TL getrocknete Kräuter nach Belieben, z. B. Thymian
1 TL Curry
1 große Zwiebel
50 g Dinkelmehl
100–150 g Dinkelbrösel
1 TL Steinsalz

Olivenöl oder Kokosspeisefett zum Braten

etvl. Zwiebelringe und Gemüsescheibchen zum Garnieren

Diese Laibchen schmecken warm und kalt und sind sogar als Fülle für Veggie-Burger gut geeignet. Dazu schichtest du sie zusammen mit Zwiebelringen, Tomatenscheiben, einem Salatblatt und einem Klecks Tomatenketchup in ein Burger-Brötchen. Super einfach und doch perfekt!

1. Die Karotten fein in eine Schüssel raffeln.

2. Die restlichen Zutaten – außer das Salz – mit den Karotten gut verrühren und mit einem Esslöffel ein wenig verkneten. Das Salz erst kurz vor dem Braten untermischen, da das Gemüse durch das Salz sehr viel Flüssigkeit verliert. Beim Braten führt das zu vermehrtem Spritzen, wenn die Puffer mit dem heißen Fett in Berührung kommen.

3. Mit einem Esslöffel am Schüsselrand Laibchen vorformen und zurechtdrücken und dann ins heiße Fett gleiten lassen. Verwende am besten eine beschichtete Pfanne, da sich die Laibchen sonst nicht so gut wenden lassen.

4. Nach 3–4 Minuten bei mittlerer Hitze und wenn die Ränder schon goldbraun sind, mit einem Pfannenwender die Laibchen wenden und weitere 2–3 Minuten fertig braten.

TIPP: Ich hatte früher den Spitznamen „Laibchen-Königin", weil ich aus allem, was mir in der Küche so unterkommt, Laibchen oder Bratlinge mache. Das schmeckt fast jedem und ist eine ideale Resteverwertung.

Für dieses Rezept ist es völlig egal, ob du mehlige oder festkochende Erdäpfel verwendest, du kannst dafür auch Erdäpfelreste aus deiner Küche aufbrauchen.

SAUERKRAUTTOPF MIT ERDÄPFELTALERN

FÜR 4–5 PERSONEN

FÜR DEN SAUERKRAUTTOPF

1 mittelgroße Zwiebel
2–3 EL Olivenöl
1–2 TL Kümmel, ganz
1/2 TL Muskat, gemahlen
500 g Sauerkraut
1 l Wasser
1 TL Steinsalz
250 ml Wasser
4 EL Dinkelmehl
1 TL Steinsalz und 1/2 TL Vollrohrzucker
2–3 EL Sojasauce

FÜR DIE ERDÄPFELTALER

1 1/2 kg Erdäpfel
40 g Maisstärke
100 ml Hafer- oder Sojacuisine
1 1/2 TL Steinsalz
1 Prise Chili, gemahlen
1/2 TL Muskat, gemahlen
1 TL Majoran

Olivenöl zum Bestreichen
des Backbleches

Wer es gerne deftig hat, kann noch 200 g Räuchertofu in kleine Würfel geschnitten in Olivenöl knusprig anrösten und vor dem Servieren über den Sauerkrauttopf streuen. Eine gesunde Variante ist es, das Sauerkraut roh zu belassen, nur mit einer Küchenschere kleinzuschneiden und mit 3 EL Olivenöl, 1 Prise Salz und 1 TL Kümmel zu verfeinern.

1. Die Erdäpfel im Wasser ca. 30 Minuten kochen, abgießen und etwas überkühlen lassen.

2. Die Zwiebel in feine Streifen schneiden und in einem Topf im Olivenöl gemeinsam mit dem Kümmel ein paar Minuten andünsten.

3. Nun Muskat und Sauerkraut beifügen, mit 1 Liter Wasser aufgießen und salzen.

4. Während der Krauttopf nun mindestens 15 Minuten leicht vor sich hin köchelt, in einer Schüssel 250 ml Wasser mit Dinkelmehl, Salz und Zucker mit dem Schneebesen glattrühren.

5. Inzwischen ein Backblech oder eine große eckige Backform mit Backpapier auslegen und mithilfe eines Backpinsels mit einigen Spritzern Olivenöl einfetten.

6. Die etwas abgekühlten Erdäpfel schälen, auf einer Gemüsereibe grob in eine große Schüssel raspeln und mit Maisstärke und Pflanzencuisine locker vermengen.

7. Mit dem Salz und den Gewürzen gut abschmecken, da die Erdäpfel die Eigenschaft haben, viel Salz aufzunehmen.

8. Mit einem Esslöffel nun Taler mit einem Durchmesser von ca. 6–7 cm nebeneinander auf das Backpapier setzen und im Backrohr bei 220 °C ca. 35 Minuten kross backen, bis sich leicht gebräunte Ränder zeigen.

9. Sobald das Sauerkraut weichgekocht ist, wird das Wasser-Mehl-Gemisch zügig eingerührt und der Sauerkrauttopf damit eingedickt. Anschließend erneut kurz aufkochen und zugedeckt noch einige Zeit ziehen lassen. Vor dem Servieren noch mit Sojasauce abschmecken.

ROSMARIN-BRATERDÄPFEL MIT ZUCCHINI-MAYONNAISE

Sojajoghurt einige Stunden in einem Sieb mit Küchentuch ausgelegt abtropfen lassen.

FÜR MINDESTENS 5 PERSONEN

FÜR DIE BRATERDÄPFEL

2–3 EL Olivenöl fürs Backblech
2 kg Erdäpfel, festkochend
50 ml Olivenöl
1–2 EL frischer oder getrockneter Rosmarin, geschnitten
1–2 TL Steinsalz

FÜR DIE ZUCCHINI-MAYONNAISE

500 g Zucchini
500 g Sojajoghurt natur, abgetropft
2–3 Knoblauchzehen, klein geschnitten
1 EL frischer oder getrockneter Oregano, gerebelt
1 TL Steinsalz
1 EL Senf
2 EL Olivenöl

1 TL Guarkernmehl bei Bedarf

Wer Tsatsiki mag, wird diese Zucchini-Mayonnaise lieben! Die Zucchini haben zudem den Vorteil, dass sie weniger Wasser lassen als Gurken. Im Hochsommer gibt's manchmal im eigenen Garten oder auf dem Markt sehr große Zucchini, die man halbieren und mit einem Löffel aushöhlen kann – macht sich wunderschön als natürliche Schüssel für die Mayonnaise.

1. Ein Backblech oder eine Backform mit einem Pinsel sparsam mit Olivenöl einstreichen.

2. Die Erdäpfel gut waschen, Erdreste mit der Gemüsebürste oder mit einem Schwamm abreiben. Nun alle Erdäpfel samt Schale in ca. 1/2 cm dicke Scheiben schneiden und ganz eng auf dem Blech schichten. Heurige oder ganz kleine Erdäpfel kannst du auch im Ganzen verwenden.

3. Olivenöl, Rosmarin sowie Steinsalz mischen und mit dem Pinsel über die gesamten Erdäpfel verteilen. Im Backrohr bei 200 °C ca. 35–40 Minuten braten, bis sie goldbraune Blasen bekommen.

4. Inzwischen die Zucchini grob auf einer Gemüsereibe raffeln und in eine Schüssel geben. Das Sojajoghurt aus dem Sieb in eine hohe Rührschüssel gleiten lassen, die restlichen Zutaten dazugeben und mit einem Pürierstab kurz durchmixen.

5. Diese Sauce über die Zucchini gießen und umrühren. Die Mayonnaise sollte bald serviert werden, da die Zucchini durch das Salz Wasser verlieren und die Mayonnaise dadurch flüssiger wird. Mit dem Guarkernmehl kann das vermieden werden: Durch ein kleines Teesieb unter ständigem Rühren bis zur gewünschten Festigkeit einsieben.

6. Toll sieht es aus, wenn du gleich das ganze Backblech mit frischen Rosmarinzweigen garniert zum Buffet stellst und die Zucchini-Mayonnaise in einer besonders schönen Schüssel daneben anbietest.

SPICY SEITAN-FRUCHT-SPIESSE

Die Dörrzwetschgen mit Wasser bedecken und mindestens 3 Stunden einweichen.

FÜR 4–5 PERSONEN

FÜR DIE SPIESSE

250 g Seitanschnitzel
200 g Virginia Steak
100 g Dörrzwetschgen, eingeweicht
1 Glas Ananasstücke, etwa 350 g
1 Glas Mandarinen, gehäutet, etwa 350 g
1–2 Äpfel
100 g Weintrauben
4–5 Pfefferoni

FÜR DIE MARINADE

50 ml Olivenöl
1 EL Chiliflocken
Saft von 1/2 Zitrone
1/2 TL Salz
1 TL Curry

12–14 Holzspieße

Statt dem Virginia Steak kannst du auch selbst Steaks aus Seitan herstellen: Dickere Stücke Seitan einfach mit Öl einstreichen und über Nacht in verschiedenen Grillgewürzen gewälzt marinieren.

1. Die Seitanschnitzel in mundgerechte Stücke und das Virginia Steak in 1/2 cm dicke Scheiben schneiden.

2. Die Dörrzwetschgen, Ananasstücke und Mandarinen in einem Sieb gut abtropfen lassen, die Pfefferoni in 2–3 cm lange Stücke teilen, die Weintrauben waschen und von den Stielen nehmen. Den Apfel vom Kerngehäuse befreien und in Würfel teilen.

3. Aus den Zutaten für die Marinade eine Sauce rühren und durchziehen lassen.

4. Nun den Seitan und das Virginia Steak abwechselnd mit den Früchten und den Pfefferoni auf die Holzspieße aufstecken, in eine eckige Bratform schichten und vor dem Grillen mit der Marinade bepinseln.

5. Diese Spieße eigenen sich nicht dazu, direkt auf den Grillrost gelegt zu werden. Am besten schmecken sie aus einer Grillpfanne oder auch aus dem Backrohr. Die Garzeit ist sehr kurz, ca. 10 Minuten bei 175 °C, da alle Zutaten eigentlich schon „weich“ und fertig sind.

Maisgrieß ist eines meiner Lieblingslebensmittel, vor allem, wenn es schnell gehen soll. Er verführt durch seine einfache Verarbeitung zu Kreativität beim Kochen für süße und pikante Rezepte. Außerdem ist er glutenfrei und mit vielen anderen Zutaten kombinierbar und sollte deshalb in jeder Küche zu finden sein!

RATATOUILLE MIT POLENTA-GUGELHUPF

ERGIBT 6–7 MINI-GUGELHUPFE
FÜR 4–5 PERSONEN

FÜR DIE RATATOUILLE
3 große rote Zwiebeln
2 rote Paprika
1 gelber Paprika
4–6 Knoblauchzehen
4 EL Olivenöl
1 TL Steinsalz
1/4 TL Chili, gemahlen
1 EL mediterrane Kräutermischung, getrocknet
5 große Tomaten
100 g Tomatenmark
200 ml Wasser

FÜR DIE POLENTA
1 1/2 l Wasser
1 TL Steinsalz
1/2 TL Muskat, gemahlen
500 g Maisgrieß
50 g vegane Margarine
1 Handvoll frische Gartenkräuter

1 Backform für Mini-Gugelhupfe oder 7 einzelne Mini-Gugelhupf-Backförmchen
Öl zum Einpinseln

Salbeiblätter zum Garnieren

1. Für die Polenta das Wasser mit Salz und Muskat zum Kochen bringen und dann mit einem Schneebesen den Maisgrieß einrühren, vom Herd nehmen und zugedeckt 5 Minuten quellen lassen.

2. Die Margarine in den heißen Grieß geben und während sie schmilzt gemeinsam mit den gehackten Kräutern einrühren. Die Mini-Gugelhupf-Backförmchen mit Öl auspinseln, die Polenta hineinpressen und im Backrohr bei 90 °C warmhalten.

3. Für die Ratatouille die Zwiebeln schälen und in dicke Scheiben schneiden. Ebenso die roten und gelben Paprika halbieren, die Kerne entfernen und in 1 cm breite Streifen teilen. Die Knoblauchzehen schälen und in grobe Stücke hacken.

4. Das Olivenöl in einem Topf erhitzen und Zwiebeln, Paprika und Knoblauch darin kurz anbraten. Mit Salz, Chili und Kräutern würzen und ein paar Minuten weiterbraten. Die Tomaten vom Stengelansatz befreien und in walnussgroße Würfel schneiden, eine Minute mitbraten. Das Tomatenmark mit dem Wasser verrühren und dazugeben. Weitere 2–3 Minuten leise köcheln lassen und bald servieren – das Gemüse sollte noch knackig und bissfest bleiben!

5. Kurz vor dem Essen die Gugelhupfe stürzen, mit Salbeiblättern garnieren und zur Ratatouille servieren.

TIPP: Falls du keine kleinen, runden Förmchen hast, kannst du die Polenta auch einfach auf ein eingefettetes Backblech streichen und später in Schnitten schneiden.

GEBACKENE GEMÜSEPALATSCHINKEN

ERGIBT EINE ECKIGE BACKFORM
IN DER GRÖSSE 30×40 CM
FÜR 4–5 PERSONEN

FÜR DIE PALATSCHINKEN
500 ml Hafermilch
200 g Dinkelfeinmehl
50 g Maismehl
1/2 TL Steinsalz oder Kala Namak
1 TL Liebstöckl
1/4 TL Kurkuma

Olivenöl zum Braten

FÜR DIE GEMÜSEFÜLLE
600–700 g Gemüse nach Wahl
2 mittelgroße Zwiebeln
3 EL Olivenöl
2 TL Steinsalz
1/4 TL Chili, gemahlen
1 EL mediterrane Kräuter, getrocknet
1 TL Curry
100 ml Hafercuisine
3 EL Maisstärke
1/2 TL Muskat, gemahlen
1 EL Balsamicoessig, hell

Öl für die Pfanne und die Backform
1–2 EL Hefeflocken zum Bestreuen der fertigen Palatschinken

1. Für die Palatschinken aus allen Zutaten in einer Schüssel mit einem Schneebesen einen dickflüssigen Teig anrühren und mindestens 20 Minuten quellen lassen, dabei ab und zu umrühren.

2. Für die Gemüsefülle kannst du sehr gut alle verschiedenen Gemüsereste aus deiner Küche verwenden. Alles in kleine Würfel schneiden oder grob auf der Gemüsereibe raffeln. Die Zwiebeln ebenfalls in kleine Würfel schneiden.

3. In einem Kochtopf das Öl erhitzen und dann Gemüse sowie Zwiebeln dazugeben und mit einem der zwei TL Steinsalz salzen. Bei mittlerer Hitze etwa 4–5 Minuten anbraten, Chili, Kräuter und Curry hinzufügen und auf kleiner Flamme mit Deckel noch 1–2 Minuten dünsten.

4. Die Hafercuisine mit Maisstärke, dem restlichen Salz, Muskat und Essig mit einem Schneebesen verrühren. Dann bei mittlerer Hitze die Flüssigkeit zum Gemüse gießen, einmal kurz aufkochen und vom Herd nehmen. Die Masse sollte relativ dickflüssig sein, damit sich die Palatschinken gut füllen lassen.

5. Eine mittelgroße beschichtete Pfanne mit Öl auspinseln und langsam erhitzen. Mit einem Schöpflöffel nacheinander Palatschinkenteig einfließen lassen, 1–2 Minuten fest werden lassen und dann in der Pfanne wenden und warten, bis die zweite Seite ebenfalls leicht gebräunt ist. Für jede weitere Palatschinke jeweils einen kleinen Tropfen Öl in die Pfanne geben. Die fertigen Palatschinken auf einem großen Teller sammeln.

Anstatt des Maismehls kann man natürlich auch nur Dinkelmehl nehmen, allerdings verwende ich es sehr gerne, da es dem Teig ein bisschen Farbe gibt und die Palatschinken im Backrohr oben schön knusprig werden. Wenn du für den nächsten Tag eine Suppe planst, kannst du einfach mehrere Palatschinken herausbacken – so hast du dann gleich eine herrliche Suppeneinlage in Form von Frittaten!

6. Nun eine eckige Backform mit Öl auspinseln. Jeweils 1–2 Esslöffel von der Gemüsemasse auf der unteren Hälfte einer Palatschinke verteilen. Die Palatschinke einrollen und in die Backform legen, mit den anderen ebenso verfahren und eng aneinanderschlichten. Im vorgeheizten Backrohr ca. 15 Minuten bei 170 °C überbacken. Vor dem Servieren mit Hefeflocken bestreuen.

TIPP: Dazu passt am besten ein frischer, knackiger Blattsalat. Du kannst entweder die Palatschinken auf einzelnen Tellern auf einem Blatt grünem Salat anrichten oder die Backform mit einem Pfannenwender, der bereits unter die erste Palatschinke geschoben wurde, auf den schön dekorierten Buffettisch stellen.

DEFTIGER LINSENBRATEN MIT ROTKRAUT

FÜR 5 PERSONEN

FÜR DEN LINSENBRATEN

500 g Tellerlinsen, ungekocht oder
2 Dosen Braune Linsen à 400 g
30 g vegane Margarine
2 mittelgroße Zwiebeln
2–3 Knoblauchzehen
3 EL Leinsamen, geschrotet
5–6 EL Wasser
50 g Haferflocken
50 g Semmelbrösel
1 TL Majoran
1/2 TL Curry
1 1/2 TL Steinsalz
2 EL Tomatenmark
3–4 EL Sojasauce
50 ml Wasser
1 Semmel oder 2 Scheiben Toast, in Wasser eingeweicht

Orangenscheiben und Walnüsse zum Garnieren

FÜR DAS ROTKRAUT

1 Zwiebel
3 EL Kokosfett
500–600 g Rotkraut
1 TL Steinsalz
1/4 TL Nelkenpulver
1 TL Zimt, gemahlen
1–2 EL fruchtige Marmelade
100 ml Wasser
1 großer Apfel
1 EL Apfelessig

1. Die Linsen nach Packungsanleitung ohne Salz weichkochen und abseihen oder zwei Dosen fertige Linsen im Sieb gut abtropfen lassen und dann in eine große Rührschüssel geben. Mit einem Pürierstab die Linsen grob pürieren, dabei noch etwa die Hälfte der Menge ganz lassen.

2. In einer kleinen Pfanne die Margarine schmelzen, inzwischen Zwiebeln und Knoblauch fein hacken und im Fett anschwitzen, das heißt bei mittlerer Hitze nur leicht dünsten, sodass keine zu hohen Temperaturen entstehen. Anschließend zu den Linsen geben.

3. Den geschroteten Leinsamen im Wasser ca. 10 Minuten quellen lassen und gemeinsam mit den Haferflocken und Semmelbröseln unter die Linsen mischen. Dann die Gewürze, das Tomatenmark und die Sojasauce sowie das Wasser hinzufügen und am besten mit den Händen oder mit den Knethaken des Handrührgerätes gut durchkneten. Zum Schluss noch die Semmel ausdrücken und ebenfalls unterkneten und nochmal abschmecken. Eventuell nachsalzen, da die Linsen und Flocken viel Salz aufnehmen.

4. Eine Kastenform mit Backpapier auslegen und die Linsenmasse fest hineindrücken. Bei 180 °C im Backrohr ca. 1 Stunde braten, dann herausnehmen und 20 Minuten in der Form rasten lassen, bevor der Braten gestürzt und in Scheiben geschnitten wird.

5. Für das Rotkraut die Zwiebel würfelig schneiden und im Kokosfett anbraten. Inzwischen das Rotkraut auf einer Gemüsereibe in dünne Scheiben hobeln oder mit dem Messer in dünne Streifen schneiden und ebenfalls zu den Zwiebeln geben. Salzen und einige Minuten bei mittlerer Hitze im geschlossenen Topf dünsten, ab und zu umrühren.

Für einen glutenfreien Linsenbraten kannst du ihn mit glutenfreien Haferflocken sowie glutenfreiem Gebäck und Bröseln herstellen. In diesem Fall solltest du aber die Menge an Leinsamen verdoppeln, damit der Braten auch gut zusammenhält.

6. Nun die Gewürze und die Marmelade dazugeben, mit Wasser aufgießen und ca. 15 Minuten weichkochen. Am Ende der Kochzeit den Deckel abnehmen und die Flüssigkeit noch 1–2 Minuten lang verdampfen lassen.

7. Den Apfel schälen, vom Kerngehäuse befreien und erst kurz vor dem Servieren in das Rotkraut fein hineinraspeln, mit dem Apfelessig pikant abschmecken und das aromatische Rotkraut als farbenfrohe Beilage zum mit Orangenscheiben und Walnüssen garnierten Linsenbraten reichen.

TIPP: Dieses festliche und bunte Gericht kannst du auch noch mit den köstlichen Erdäpfeltalern (S. 87) ergänzen. Schmeckt hervorragend!

BUNTE & KNACKIGE

Salat-variationen

COUSCOUS-SALAT ALL'ARRABIATA MIT DATTELN UND SESAM

Den Couscous schon einige Stunden vorher kochen, damit er ganz auskühlen kann.

FÜR 5–6 PERSONEN

FÜR DEN COUSCOUS

750 ml Wasser
1 TL Steinsalz
1 TL mediterrane Kräutermischung, getrocknet
1 TL Curry
1 Prise Chili, gemahlen
2 EL Sojasauce
2 EL Olivenöl
2 EL Apfelessig naturtrüb
500 g Couscous
1 roter Paprika
1 gelber Paprika
1–2 kleine Zucchini
1 kleine Zwiebel
6–7 Datteln, getrocknet
1–2 Chilischoten, eingelegt oder frisch

1 kleiner Bund frischer Salbei zum Garnieren

FÜR DIE MARINADE

5 EL Olivenöl
Saft von 1/2 Zitrone
50 ml Wasser
1 TL Steinsalz

FÜR DEN GERÖSTETEN SESAM

3 EL Sesam, geschrotet oder gemörsert
2 EL Sesamöl
1 Prise Steinsalz

1. Für den Couscous das Wasser mit allen Gewürzen, dem Olivenöl und dem Essig verrühren und zum Kochen bringen.

2. Den Couscous einrieseln lassen und zugedeckt auf kleinster Stufe ca. 5 Minuten eher ziehen als kochen lassen. Nun den Topf vom Herd nehmen und 1 Stunde zugedeckt abkühlen lassen, nach ca. einer halben Stunde den Couscous mit einer Gabel auflockern.

3. Inzwischen die beiden Paprika, die Zucchini und die Zwiebel würfelig schneiden und in eine große Salatschüssel geben.

4. Die Datteln entkernen und vierteln, die Chilischoten in ganz feine Stückchen und die Salbeiblätter in Streifen schneiden und alles dazumischen.

5. Aus dem Olivenöl, Zitronensaft, Wasser und Salz eine Marinade anrühren.

6. Nun den Couscous zum Gemüse in die Schüssel geben und mit der Marinade übergießen. Alles miteinander verrühren und 10 Minuten ziehen lassen.

7. In einer beschichteten Pfanne den Sesam im Sesamöl bei kleiner Hitze anrösten und salzen. Vor dem Servieren den gerösteten Sesam zum Couscous geben, alles noch einmal abschmecken und 15 Minuten durchziehen lassen. Mit ganzen Salbeiblättern garniert servieren.

TIPP: Du kannst diesen Salat auch gerne mit würfelig geschnittenem gebratenem Räuchertofu oder in feinen Streifen geschnittener Seitanwurst verfeinern. Da viele Menschen sowohl Sojaprodukte als auch aufgrund des Glutens Seitan meiden, ist es besser, diese Zutaten getrennt vom Salat anzubieten.

GRENADIER-SALAT

FÜR 4–5 PERSONEN ALS HAUPTSPEISE

1 kg Erdäpfel, gekocht
300 g Nudeln, am besten Fleckerl
4 EL Rapsöl
4 EL Apfelessig naturtrüb
50 ml Hafercuisine
100 ml Wasser
1 TL Steinsalz
1/2 TL Vollrohrzucker
1 Prise Pfeffer
1 gelber Paprika
1–2 Zwiebeln
1 Bund Schnittlauch
1 Bund Thymian oder
1 EL getrockneter Thymian
1 TL Steinsalz zum Nachsalzen

frische oder getrocknete Kräuter zum Garnieren

Meine Oma hat früher gerne den guten alten „Grenadiermarsch“ zubereitet, den wir Kinder so sehr geliebt haben. Dass sie dabei einfach nur übrige Erdäpfel und Nudeln sowie andere Reste verwendet hat, wussten wir damals noch gar nicht. Diese vegane Variante eines Grenadier-Salats verwöhnt mit frischen Zutaten und einer Geschmacksharmonie von Erdäpfeln und Nudeln. Er eignet sich auch dazu, Erdäpfel vom Vortag oder zu viel gekochte Nudeln aufzubrauchen. Nachhaltig und perfekt für jedes Partybuffet!

1. Die gekochten Erdäpfel schälen und beiseitestellen.

2. Die Nudeln in Salzwasser al dente kochen, abseihen und mit kaltem Wasser übergossen abtropfen lassen.

3. In einer großen Salatschüssel aus Öl, Essig, Hafercuisine, Wasser, Salz, Zucker und Pfeffer eine Marinade anrühren.

4. Die Erdäpfel in Scheiben schneiden, mit den ausgekühlten Nudeln in die Schüssel zur Marinade geben und alles locker miteinander vermengen.

5. Paprika und Zwiebeln in kleine Würfel und den Schnittlauch in feine Röllchen schneiden, den Thymian abrebeln und ebenfalls dazugeben. Mit einem großen Salatbesteck vorsichtig 3–4 Mal durchmischen.

6. Den Salat vor dem Essen noch etwas durchziehen lassen, vor dem Servieren nochmal salzen und mit frischen oder getrockneten Kräutern garniert in kleinen Schüsselchen anrichten.

TIPP: Noch deftiger wird dieser Grenadier-Salat mit in feine Streifen geschnittenem Räuchertofu.

VEGGI MÄGGIS SPAGHETTI-SALAT

FÜR 4–5 PERSONEN ALS HAUPTSPEISE

500 g Dinkel-Spaghetti, in kleine Stücke zerbrochen
1 große Zucchini
1 roter Paprika
1–2 Zwiebeln
10–15 Kirschtomaten
4–5 EL Olivenöl
4 EL Balsamicoessig
1 TL Steinsalz
1 EL Pizzakräuter, getrocknet
20 Oliven, entkernt
180–200 g fermentierter Tofu-Käse

Kirschtomaten und Basilikum zum Garnieren

1. In reichlich Salzwasser und ein wenig Öl die Spaghetti al dente kochen, abseihen und mit kaltem Wasser abschrecken.

2. Die Zucchini und den Paprika in kleine Würfel, die Zwiebeln in feine Halbringe schneiden, größere Kirschtomaten in der Mitte teilen.

3. In einer großen Salatschüssel Öl, Essig, Salz und Kräuter zu einer Marinade verrühren.

4. Zuerst die ausgekühlten Spaghetti in der Marinade wälzen, anschließend das Gemüse und die Oliven dazugeben und vorsichtig miteinander vermengen.

5. Den fermentierten Tofu-Käse in Würfel schneiden und auf den Salat geben. Mit Kirschtomaten und Basilikum garniert servieren.

TIPP: Wenn du keinen fermentierten Tofu-Käse zu Hause hast, kannst du auch einfach Naturtofu in kleine Würfel schneiden und einige Zeit in Olivenöl, Salz und mediterranen Kräutern marinieren.

REISNUDEL-KAROTTEN-SALAT MIT RUCOLA

FÜR 5 PERSONEN

500 g Karotten
1–2 Zwiebeln
1 Stange Lauch, davon den grünen Teil
3 EL Sesamöl
3 EL Balsamicoessig, hell
200 ml Reiscuisine
1 TL Steinsalz
1 Msp. Chili, gemahlen
500 g Reisnudeln, am besten kleine Röllchen
1 Bund Rucola

Dieser Salat entstand spontan, als ich einmal Besuch erwartet habe und nur mehr Karotten, Zwiebeln und Lauch zu Hause hatte. Gemeinsam mit der cremigen Marinade schmeckt er einfach köstlich. Mit diesem Rezept bist du für jede spontane Party gewappnet!

1. Die Karotten waschen und mit einer feinen Gemüsereibe in eine Salatschüssel raffeln.

2. Vom Lauch die grünen Teile abtrennen und in sehr schmale Ringe oder Streifen schneiden. Der weiße Teil hält sich im Kühlschrank mindestens 1 Woche.

3. Die Zwiebeln in kleine Würfel hacken und gemeinsam mit dem Lauch zu den Karotten geben.

4. Aus Öl, Essig, Reiscuisine, Salz und Chilipulver eine Marinade anrühren und über das Gemüse gießen. Anschließend mindestens 15 Minuten durchziehen lassen.

5. In Salzwasser die Reisnudeln al dente kochen, abseihen und mit kaltem Wasser 1 Minute lang übergießen.

6. Nudeln und Gemüse miteinander vermischen, zwei Drittel vom Rucola kleinschneiden und unter den Salat mengen. Mit dem restlichen Rucola den Salat vor dem Servieren garnieren.

TIPP: Reisnudeln haben nur wenig Eigengeschmack und sollten deshalb immer mit pikanten Zutaten kombiniert werden.

BUNTER SALAT MIT TOFU-GRÖSTL

FÜR 4–5 PERSONEN

500 g Chinakohl
1 dicke Stange Lauch
3–4 große Champignons
1 roter Paprika
ca. 330 g Zuckermais
3–4 EL Sonnenblumenöl
3–4 EL Balsamicoessig, hell
1 TL Salatkräuter, getrocknet
1/2 Bund Petersilie
1 TL Steinsalz
200 g Naturtofu
1 Handvoll Kürbiskerne
3 EL Olivenöl
1/2 TL Steinsalz

frische Sprossen zum Garnieren

1. Den Chinakohl in feine Streifen schneiden und in eine große Salatschüssel geben. Sollte der Strunk sehr dick sein, zuerst der Länge nach durchschneiden, so lässt er sich leichter weiterverarbeiten.

2. Alle Teile des Lauchs in dünne Ringe, die Champignons und den Paprika in Würfel schneiden und alles gemeinsam mit dem Zuckermais zum Chinakohl geben und locker vermischen.

3. In einer kleinen Schüssel aus Öl, Essig, Kräutern und Salz eine Marinade anrühren und gut mit dem Salat vermengen.

4. Die Petersilie fein hacken und ebenfalls untermischen. Einige Blättchen zum Garnieren beiseite legen.

5. Den Tofu in einem tiefen Teller mit einer Gabel grob zerdrücken und die Kürbiskerne im Blitzhacker oder mit einem Messer auf einem großen Brett grob zerkleinern.

6. In einer kleinen beschichteten Pfanne das Olivenöl erhitzen und die Kürbiskerne gemeinsam mit dem Tofu 6–7 Minuten rösten und salzen.

7. Den bunten Salat erst kurz vor dem Servieren in kleinen Schüsseln mit dem gerösteten Tofu-Kürbiskern-Gemisch bestreuen und mit frischen Sprossen garnieren.

TIPP: Wenn ich in meiner Küche Chinakohl oder Weißkraut verarbeite, nehme ich mir zum Schneiden immer ein großes Brotmesser. Die lange und wellige Klinge ermöglicht es, den ganzen Krautkopf zu erfassen und gleichzeitig sehr feine Streifen zu schneiden.

AVOCADO-PAPRIKA-JOGHURT-SALAT

Das Sojajoghurt einige Stunden in einem mit Küchentuch ausgelegten Sieb abtropfen lassen.

FÜR 4–5 PERSONEN

2 rote Paprika
1–2 Zwiebeln
500 g Sojajoghurt natur, abgetropft
3 EL Leinöl
Saft von 1 Zitrone
1 TL Steinsalz
1/2 TL Pfeffer, gemahlen
1/2 TL Liebstöckl, getrocknet
4 Avocados, nicht zu weich

1 Bund Schnittlauch
zum Garnieren

1. Die roten Paprika in kleine Würfel schneiden, die Zwiebeln kleinhacken und alles in einer Schüssel vermischen.

2. Das Sojajoghurt aus dem Sieb in eine Schüssel gleiten lassen und mit Öl, Zitronensaft und den Gewürzen verrühren. Diese Marinade anschließend über die Paprika und Zwiebeln gießen und kurz ziehen lassen.

3. Inzwischen die Avocados halbieren, entkernen und in ca. 2 cm große Würfel schneiden. Anschließend zum Salat geben und vorsichtig unterheben.

4. Den Salat in kleinen Schüsseln anrichten, den Schnittlauch in kleine Röllchen schneiden und die Salatportionen damit bestreuen. Fertig und bereit zum Genießen!

TIPP: Den richtigen Reifegrad von Avocados abzuschätzen ist nicht so einfach – er variiert je nach Gericht: Für einen Aufstrich oder Guacamole können sie ruhig sehr weich sein. Für diesen schnellen Salat sollten sie allerdings noch ein wenig Biss haben, dann schmeckt er am besten. Wenn du den Salat nicht sofort servieren kannst, dann stecke die vier Kerne in den Salat und decke ihn mit Frischhaltefolie im Kühlschrank ab. So bleibt er einige Stunden appetitlich und ansehnlich und dunkelt nicht nach.

CASHEW-MOZZARELLA MIT TOMATEN

Die Cashew-Kerne einige Stunden lang in Wasser einweichen.

ERGIBT CA. 400 G MOZZARELLA

150 g Cashew-Kerne, eingeweicht
Saft von 1/2 Zitrone
1–2 EL Wasser
1/4 l Sojamilch
30 g Maisstärke
150 g Sojajoghurt natur
1 TL Steinsalz
1 gehäufter TL Flohsamenschalenpulver

4–5 große Tomaten
1 Bund Basilikum zum Garnieren

1. Die eingeweichten Cashew-Kerne abgießen und mit frischem Wasser abspülen, anschließend in einer Küchenmaschine gemeinsam mit dem Zitronensaft und dem Wasser zu einer Creme mixen.

2. Mit einem Schneebesen in einem Kochtopf die kalte Sojamilch mit der Maisstärke verrühren und auf kleiner Hitze langsam aufkochen lassen. Unter ständigem Rühren das Sojajoghurt einfließen lassen und salzen. Nun ca. 8–10 Minuten leise köchelnd eindicken lassen, dabei immer wieder mit dem Schneebesen durchrühren.

3. Die Cashew-Creme mit dem Schneebesen in die Sojamasse einrühren, kurz gemeinsam weiter kochen lassen, dann vom Herd nehmen und das Flohsamenschalenpulver zügig einrühren. Solltest du nur Flohsamenschalen zu Hause haben, pulverisiere sie vorher in einer Küchenmaschine. Die Konsistenz des Mozzarella wird dadurch feiner.

4. Eine eckige Form mit kaltem Wasser ausspülen und die Mozzarella-Masse hineingießen und glattstreichen. Einige Stunden, am besten über Nacht, im Kühlschrank fest werden lassen, dann auf einen großen Teller stürzen und in kleine Scheiben schneiden.

5. Die Tomaten in Scheiben schneiden und den Mozzarella damit schön schichten. Mit Basilikum dekoriert ist er ein Blickfang auf jedem Buffet!

TIPP: Mit frischen Kräutern oder gehackten Walnüssen im Mozzarella schmeckt dieser vegane Käse auch besonders gut zu pikantem Pizzabrot (S. 75).

SCHWARZER LINSENSALAT „BLACK ANGEL“

FÜR 4–5 PERSONEN
ALS BEILAGE

500 g schwarze Belugalinsen
1 l Wasser
1 EL Bohnenkraut, getrocknet
1/2 TL Chiliflocken
4 EL Olivenöl
3 EL Apfelessig naturtrüb
1/2 TL Kreuzkümmel, gemahlen
1–2 TL Steinsalz
2 rote Paprika
1 gelber Paprika
2 große rote Zwiebeln

1 Bund frisches Bohnenkraut
zum Garnieren

Seit ich einen Garten habe, schätze ich frische Kräuter und verwende sie gerne und oft in meiner Küche. Die Natur lässt ja bekanntlich für jeden Anlass ein Kräutlein wachsen, so ist das frische, etwas scharfe Bohnenkraut ideal dafür, Linsen- und Bohnengerichte leichter verdaulich zu machen.

1. Die Belugalinsen im Wasser mit dem getrockneten Bohnenkraut und den Chiliflocken weichkochen. Die Kochzeit variiert je nach Sorte zwischen 30 und 50 Minuten, deshalb solltest du zwischendurch bitte immer wieder kosten.

2. In einer Salatschüssel das Öl mit Essig, Kreuzkümmel und Salz zu einer Marinade anrühren.

3. Die Paprika in kurze Streifen und die Zwiebeln in halbe Scheiben schneiden und anschließend in der Marinade ziehen lassen.

4. Die fertigen Linsen abgießen, das Kochwasser beiseitestellen und alles ein paar Minuten abkühlen lassen. Dann das Paprikagemüse mit den Linsen vermengen und bei Bedarf noch mit 1–2 EL des Kochwassers aufgießen.

5. Den Linsensalat mit den Blättern des Bohnenkrauts dekorieren.

ERDÄPFELSALAT MIT WÜRSTELN

FÜR 4–5 PERSONEN
ALS HAUPTSPEISE

1 1/2 kg Erdäpfel, festkochend
250 ml warmes Wasser
1 EL Tahin
1 1/2 TL Steinsalz
1 EL Senf
3 EL Apfelessig
50 ml Olivenöl
1 TL Kokosblütenzucker
1 Prise Pfeffer, schwarz
1–2 Zwiebeln
2–3 Essiggurken
200 g vegane Wiener Würstel

1. Die Erdäpfel mit der Schale mit Wasser bedeckt ca. 25–30 Minuten lang weichkochen. Das Wasser abgießen und die Erdäpfel im Topf mit kaltem Wasser übergossen 10 Minuten abkühlen lassen.

2. In einer großen Salatschüssel aus warmem Wasser, Tahin, Salz, Senf, Essig, Öl, Kokosblütenzucker und Pfeffer eine Marinade anrühren.

3. Die Zwiebeln und Essiggurken in kleine Würfel schneiden und in die Marinade geben.

4. Die abgekühlten Erdäpfel schälen und in 5 mm dicke Scheiben in die Schüssel mit den anderen Zutaten schneiden, dabei immer wieder mit einem großen Salatlöffel locker unterheben, damit das Dressing überall gut verteilt wird.

5. Die Würstel in 1 cm dicke Scheiben schneiden und kurz vor dem Servieren noch unter den Erdäpfelsalat mischen.

AROMATISCHER RETTICHSALAT MIT KRÄUTERN

FÜR 4–5 PERSONEN
ALS BEILAGE

500 g schwarzer Rettich
1 1/2 TL Steinsalz
2 EL Apfelessig naturtrüb
100 ml Hafer- oder Sojacuisine
3 EL Leinöl

1 Handvoll frische Kräuter,
gehackt zum Garnieren

1. Den Rettich waschen und grob schälen, auf einer Gemüsereibe mittelfein raffeln und in einer Salatschüssel mit dem Salz vermischen. Etwa 10 Minuten ziehen lassen.

2. Aus Apfelessig, Pflanzencuisine und Leinöl eine Marinade anrühren.

3. Frische Kräuter – z. B. Oregano, Petersilie, Thymian, Salbei und Rucola – mit einem Küchenmesser grob hacken.

4. Den Rettich mit der Marinade übergießen, einige Male gut durchrühren und mit den gehackten Kräutern bestreut servieren.

WINTERSALAT MIT BIRNEN UND RADICCHIO

FÜR 4 PERSONEN

2 EL Mandelmus
2 EL Balsamicoessig, hell
2 EL Sesamöl
1 TL Steinsalz
50 ml Wasser
2 große Birnen
1 großer Kopf Radicchio
(Durchmesser ca. 15 cm)

50 g Walnüsse, grob gehackt
zum Garnieren

Durch das Mandelmus werden die Bitterstoffe im Radicchio ein wenig neutralisiert. Kombiniert mit den süßen Birnen kommt dieser Wintersalat sehr gut an! Eine köstliche Variante kannst du auch herstellen, indem du Radicchio und Birnen gegen Zuckerhut-Salat und Äpfel eintauschst.

1. In einer großen Salatschüssel aus Mandelmus, Essig, Sesamöl, Steinsalz und Wasser eine Marinade anrühren.
2. Die Birnen waschen, vom Kerngehäuse befreien und in ca. 1 cm große Würfel schneiden. Anschließend in die Marinade geben.
3. Den Radicchio halbieren und den Strunk entfernen, dann in feine Streifen schneiden.
4. Den Radicchio erst kurz vor dem Servieren in die Salatschüssel geben, alles vermischen und mit gehackten Walnüssen bestreut anrichten.

FÜR DIE Nasch-katzen

Desserts,
Kuchen & Muffins

KÜHLER KOKOSMILCHREIS MIT CHIA-TRAUBEN-GELEE

ERGIBT 8–10 GLÄSER MIT CA. 1/8 L FÜLLMENGE

FÜR DAS GELEE

500 ml roter Traubensaft
90 g Chia-Samen

FÜR DEN REIS

1 l Reismilch
350 g Milchreis oder Risottoreis
200 ml Kokosmilch
50 g Kokosraspel
20 g Kokosöl

1. Zuerst für das Gelee mit einem Schneebesen die Chia-Samen in den roten Traubensaft einrühren, einige Minuten stehen und quellen lassen und dann nochmals kurz aufrühren. Nun sollte das Gelee 1 Stunde im Kühlschrank durchziehen können.

2. Für den Kokosmilchreis die Reismilch zum Köcheln bringen und den Reis einrühren. Bei halb geöffnetem Deckel und bei niedrigster Hitze ca. 20 Minuten köcheln lassen. Dabei immer wieder umrühren, bis der Reis die gesamte Milch aufgesogen hat.

3. Mit einer Gabel Kokosmilch, Kokosraspel und Kokosöl untermischen und den geschlossenen Topf auf der noch warmen Herdplatte nachziehen und auskühlen lassen.

4. Die Gläser zum Anrichten in eine Reihe stellen und mit einem langstieligen Dessertlöffel den Milchreis in kleine Portionen aufteilen, dabei möglichst nicht die Innenseite der Gläser berühren und den Reis glattstreichen. Patzer am Glas kannst du leicht mit Küchenpapier entfernen.

5. Zum Schluss noch mit einem Teelöffel in jedes Glas eine Schicht Chia-Trauben-Gelee geben und das köstliche Dessert bis zum Genuss kühl stellen.

TIPP: Je nach Saison kannst du den Kokosmilchreis mit frischen Früchten und Minzblättchen garnieren. Einige Zeit in Wasser eingeweichte Trockenfrüchte, besonders Ananas, geben zusammen mit rohen Kakaonibs diesem kühlen Dessert eine originelle Note.

KOKOS-CHIA-PUDDING MIT FRISCHEN FRÜCHTEN

FÜR 4–5 PERSONEN

600 ml Kokosmilch
50 g Kokosmus
100 g Reissirup
100 g Chia-Samen
500 g frische Früchte

550 g frische Früchte und
1 Handvoll Minzblätter
zum Garnieren

Chia-Samen haben für viele schon einen festen Platz in der Küche. Ich liebe sie besonders für ihre Eigenschaft, Gerichte zu gelieren bzw. fest werden zu lassen, ohne sie dafür kochen zu müssen. Sie sind zudem reich an Omega-3-Fettsäuren, Eiweiß und Eisen.

1. Die Kokosmilch gemeinsam mit dem Kokosmus in einem Topf im Wasserbad langsam erwärmen, bis alles flüssig ist.

2. Den Topf vom Herd nehmen und den Reissirup sowie die Chia-Samen mit einem Schneebesen einrühren und die Masse sofort in mit kaltem Wasser ausgespülte Förmchen oder Gläser füllen.

3. Den Pudding im Kühlschrank mindestens 3 Stunden fest werden lassen, dann herausnehmen, auf einen Teller oder eine Dessertplatte stürzen und mit frischen Früchten und Minzblättern dekoriert servieren.
   Du kannst den Pudding auch schon gleich liebevoll garniert auf kleinen Tellern für deine Gäste anrichten.

MOHN-HANF-COOKIES

ERGIBT 40–50 COOKIES
ODER 2 BACKBLECHE

450 g Dinkel-Vollkornmehl
230 g Vollrohrzucker
15 g schwarzer Mohn, ungemahlen
15 g weißer Mohn, ungemahlen
40 g Hanfsamen, geschält
5 g Weinstein-Backpulver
1 Prise Steinsalz
250 g vegane Margarine
2–3 EL kaltes Wasser

1. In einer großen Schüssel alle trockenen Zutaten miteinander verrühren.

2. Nun die Margarine mit einem Messer in kleine Stückchen schneiden, gemeinsam mit dem Wasser zu den trockenen Zutaten geben und alles mit den Fingern zu einem Mürbteig kneten.

3. Aus dem Teig vier Rollen mit einem Durchmesser von ca. 4–5 cm formen. Bei Zimmertemperatur etwa 15 Minuten rasten lassen und inzwischen ein Backblech mit Backpapier auslegen.

4. Mit einem scharfen Messer werden nun ca. 3/4 cm dicke Scheiben von den Rollen abgeschnitten und auf das Backblech gelegt. Die Cookies mit den Fingern schön rund drücken und dazwischen unbedingt 2–3 cm Abstand lassen, da sie beim Backen aufgehen.

5. Im Backrohr bei 160 °C ca. 20 Minuten backen. Nach 15 Minuten eine Sichtprobe machen: Dazu einen Cookie mit einem Messer vorsichtig umdrehen. Wenn die Cookies auf der Unterseite leicht gebräunt sind, herausnehmen und auskühlen lassen. Beim Auskühlen dunkeln sie noch etwas nach.

TIPP: Cookies schmecken noch besser, wenn man sie mit feinen Schoko-Linien überzieht. Dazu bereitest du dir eine Glasur wie im Rezept für die cremigen Bananenschnitten (S. 131), nimmst dir einen kleinen Plastikbeutel, schlägst den oberen Rand nach außen um, füllst die warme Schokolade hinein und drehst den Beutel oben fest zu. Mit einer scharfen Schere schneidest du ein sehr kleines Loch in eine Ecke des Beutels und verzierst mit der herausfließenden Schokolade die Cookies mit feinen Linien. Wunderschön und herrlich köstlich!

HERZHAFT SÜSSE TOPFENGOLATSCHEN

ERGIBT 8 GOLATSCHEN

200 g Naturtofu
50 ml Sojacuisine
80 g Vollrohrzucker
1 Prise Steinsalz
1/4 TL Kurkuma
Schale von 1 Zitrone, abgerieben
1 EL Maisstärke

1 Pkg. veganer Blätterteig

2–3 EL Sojacuisine zum Bestreichen
1 EL Staubzucker

1. Den Tofu in eine Schüssel geben, mit einer Gabel zerdrücken und mit der Sojacuisine, dem Zucker, Salz und Kurkuma, der Zitronenschale und Maisstärke gut verrühren.

2. Den Blätterteig ausrollen und mit dem Teigrad in acht Teile schneiden.

3. Die Topfenfülle gleichmäßig aufteilen und jeweils in die Mitte der Teigstücke geben.

4. Nun mithilfe der vier Teigecken kleine Taschen formen und überall, wo Teig auf Teig zu liegen kommt, ein wenig Sojacuisine streichen, damit alles gut zusammenhält.

5. Die gefüllten Golatschen auf ein mit Backpapier belegtes Backblech setzen, die Oberfläche mit Sojacuisine bepinseln und im vorgeheizten Backrohr bei 185 °C ca. 20 Minuten backen, bis sie goldgelb und knusprig sind.

6. Nach dem Auskühlen mit Staubzucker bestreuen und genießen.

TIPP: Ich mache mir meinen Staubzucker immer selbst aus Vollrohrzucker. Das gelingt ganz prima mit einer Küchenmaschine oder einem kleinen Küchenmixer.

SCHOKO-KÜRBIS-KUCHEN VOM BLECH

ERGIBT CA. 30 KUCHENSTÜCKE

FÜR DEN TEIG

450 g Dinkelfeinmehl
200 g Vollrohrzucker
50 g Kürbiskerne, grob gehackt
1 1/2 Pkg. Weinstein-Backpulver
1/2 TL Steinsalz
15 g Kakaopulver, ungesüßt
120 ml Sonnenblumenöl high oleic
430 ml Sojamilch
1 EL Apfelessig

ZUM VERZIEREN

150 g Kürbiskerne
1 TL Sonnenblumenöl oder Kokosöl
250 g Marmelade, Sorte nach Belieben
50 g Hanfsamen
130 g Kuvertüre, dunkel
120 ml Hafercuisine

essbare Blüten und Beeren nach Belieben

TIPP: Für diesen Blechkuchen kannst du offene Marmeladereste im Kühlschrank verwenden. So bekommt jeder ein Stück mit seiner Lieblingsmarmelade oder eine süß-fruchtige Überraschung!

1. Für den Teig in einer großen Rührschüssel zuerst alle trockenen Zutaten mindestens 1 Minute gut miteinander vermengen.

2. Das Sonnenblumenöl mit der Sojamilch und dem Essig verrühren.

3. Die flüssige Masse nun zügig mit den trockenen Zutaten verrühren, bis keine Klumpen mehr zu sehen sind. Sollte der Teig noch zu fest sein, eventuell noch mit ein paar EL Sojamilch nachhelfen. Den Teig nicht zu lange rühren, da er dabei immer flüssiger und beim Backen dann nicht so locker wird.

4. Den Teig gleichmäßig auf ein mit Backpapier ausgelegtes Backblech verstreichen und im nicht vorgeheizten Backrohr bei 150 °C ca. 25–30 Minuten backen. Den Kuchen anschließend herausnehmen.

5. In der Zwischenzeit die Kürbiskerne in einer Pfanne mit wenig Öl bei mittlerer Hitze einige Minuten rösten und dann abkühlen lassen.

6. Der gebackene Kuchen wird noch warm mit Marmelade bestrichen und auf dem Blech mit einem Messer in ca. 7 × 7 cm große Stücke geschnitten.

7. Nun auf jedes vorgeschnittene Kuchenstück in die Mitte je 1 TL geröstete Kürbiskerne und Hanfsamen streuen.

8. Die Kuvertüre in einem kleinen Topf im Wasserbad schmelzen, unter ständigem Rühren die Hafercuisine einfließen und 5 Minuten außerhalb des Wasserbads abkühlen lassen. Mit einem langstieligen Dessertlöffel über jedes Kuchenstück ein paar Tropfen der Schokoglasur verteilen. Wenn die Glasur fest ist, können die Kuchenstücke geteilt und angerichtet werden.

CREMIGE BANANENSCHNITTEN

ERGIBT CA. 25 SCHNITTEN

FÜR DEN BODEN

400 g Dinkelweißmehl
150 g Vollrohrzucker
1 Pkg. Weinstein-Backpulver
1 Prise Steinsalz
100 ml Sonnenblumenöl high oleic
350 ml Sojamilch
50 ml Sojacuisine
1 EL Apfelessig naturtrüb
1 EL Tahin

FÜR DIE PUDDINGMASSE

500 ml Hafermilch
1 Pkg. Vanillepuddingpulver
1 EL Maisstärke
3 EL Vollrohrzucker

250 g Marmelade
1 1/4 kg Bananen
130 g Kuvertüre
150 ml Mandelcuisine

Staubzucker zum Garnieren

1. Für den Boden zuerst Mehl, Zucker, Backpulver und Salz gut miteinander vermischen.

2. Das Sonnenblumenöl mit der Sojamilch, der Sojacuisine und dem Essig vermischen.

3. Nun die flüssigen zügig und nicht zu lange mit den trockenen Zutaten zu einem glatten Teig verrühren und zum Schluss noch das Tahin locker unterheben.

4. Den Teig gleichmäßig auf einem mit Backpapier ausgelegtem Backblech verteilen und im nicht vorgeheizten Backrohr bei 150 °C ca. 30 Minuten backen.

5. Inzwischen aus Hafermilch, Puddingpulver, Maisstärke und Zucker nach Packungsanleitung einen Pudding kochen. Dazu die Maisstärke gemeinsam mit dem Puddingpulver in ein wenig kalter Hafermilch vorher glattrühren.

6. Auf den noch warmen Kuchenboden die Marmelade streichen und den leicht überkühlten Pudding ebenfalls gleichmäßig verteilen. Die Bananen schälen, in Scheiben schneiden und den Kuchen damit belegen.

7. Die Kuvertüre im Wasserbad bei sehr wenig Hitze schmelzen und anschließend die Mandelcuisine unter ständigem Rühren einfließen lassen und noch ca. 1 Minute glattrühren.

8. Die Schokoglasur mithilfe eines Esslöffels über die Bananenschnitten verteilen. Vor dem Servieren bei Zimmertemperatur mindestens 2 Stunden fest werden lassen. Kühlschranktemperaturen vertragen weder die Bananen noch die Schokoglasur gut.

9. Auf kleinen Tellern anrichten und mit Staubzucker bestäuben.

TRAUBENKUCHEN MIT MANDELSTREUSELN

FÜR EINE RUNDE QUICHEFORM MIT CA. 30 CM DURCHMESSER

FÜR DEN BODEN

350 g Dinkelmehl
50 Mandeln, gerieben
140 g Vollrohrzucker
1 Pkg. Weinstein-Backpulver
1 Prise Steinsalz
90 ml Sonnenblumenöl high oleic
380 ml Sojamilch oder Hafermilch
1 EL Apfelessig naturtrüb
2–3 EL Apfelmus
250 g Weintrauben

FÜR DIE STREUSEL

100 g vegane Margarine, zimmerwarm
150 g Dinkelmehl
50 g Mandeln, gerieben
100 g Vollrohrzucker
50 ml Sojacuisine oder Hafercuisine
1 Prise Steinsalz
1 TL Zimt, gemahlen

Weintrauben und evtl. Blüten zum Garnieren

1. Alle trockenen Zutaten für den Boden in einer Rührschüssel mit einem Löffel gut vermengen.

2. Das Sonnenblumenöl mit der Sojamilch und dem Essig vermischen.

3. Diese Flüssigkeit nun zu den trockenen Zutaten geben, alles zügig verrühren und das Apfelmus unterheben.

4. Den Teig in eine mit Backpapier ausgelegte Quicheform streichen und mit den Weintrauben gleichmäßig belegen.

5. Für die Streusel die zimmerwarme Margarine mit Dinkelmehl, geriebenen Mandeln, Zucker, Cuisine, Salz und Zimt mit den Fingern zu großen Bröseln verkneten und anschließend auf dem Kuchen verteilen.

6. Den Kuchen im nicht vorgeheizten Backrohr bei 160 °C ca. 30 Minuten backen, bis die Ränder goldbraun sind. Anschließend in der Backform auskühlen lassen.

7. Den ausgekühlten Kuchen in der Form oder auf Tellern portioniert mit Weintrauben und Blüten garnieren.

NUSSIG-FRUCHTIGE MINI-MUFFIN-VARIATION

FÜR 24 MINI-MUFFIN-FÖRMCHEN

250 g Dinkelfeinmehl
100 g Vollrohrzucker
1 Pkg. Weinstein-Backpulver
1 Prise Steinsalz
70 ml Sonnenblumenöl high oleic
230 ml Sojamilch
1 TL Apfelessig naturtrüb
1 EL Kakaopulver ungesüßt
2 EL Sojacuisine
6 Walnusshälften
6 Mandeln
6 Cashew-Kerne
3 Zwetschgen oder 1/2 Apfel
50 g Kuvertüre
1 EL Kokosflocken

Diese kreativ dekorierten Mini-Muffins inklusive Rezept und Backform eignen sich als tolles Geschenk für die GastgeberInnen.

1. Dinkelmehl, Zucker, Backpulver und Salz gut miteinander verrühren.

2. Das Sonnenblumenöl mit der Sojamilch und dem Essig gut verrühren.

3. Die flüssigen zu den trockenen Zutaten geben und zügig mit einem Esslöffel vermischen. Nicht zu lange rühren, da die Masse sonst leicht in sich zusammenfällt.

4. Nun die Hälfte des Teiges auf 12 Mini-Muffin-Förmchen aufteilen. Dazu eignet sich am besten ein langstieliger Dessertlöffel.

5. Die andere Hälfte des Teiges mit dem Kakaopulver und der Sojacuisine locker verrühren und in 12 weitere Mini-Muffin-Förmchen füllen.

6. Je nach Lust und Laune die Nüsse und halbierten Zwetschgen oder Apfelstücke auf die Muffins verteilen.

7. Im nicht vorgeheizten Backrohr bei 160 °C ca. 20 Minuten backen, bis die Oberfläche leicht gebräunt ist.

8. Die fertigen Muffins aus dem Backrohr nehmen und 10 Minuten abkühlen lassen. Inzwischen die Kuvertüre im Wasserbad schmelzen.

9. Nach Belieben die Mini-Muffins mit je einem Klecks Kuvertüre bestreichen und mit Kokosflocken oder anderen Zutaten verzieren. Deiner Kreativität sind keine Grenzen gesetzt!

SOMMERLICHE KOKOS-ANANAS-CUPCAKES

FÜR 12 MUFFIN-FÖRMCHEN

FÜR DEN TEIG

200 g Dinkelweißmehl
50 g Kokosflocken
90 g Vollrohrzucker
1 Pkg. Weinstein-Backpulver
1 Prise Steinsalz
1 TL Flohsamenschalen
70 ml Sonnenblumenöl high oleic
220 ml Hafermilch
Saft von 1/2 Zitrone
2 EL Apfelmus

FÜR DEN BELAG

80 g vegane Margarine, zimmerwarm
100 g Kokosmus
50 g Staubzucker, am besten aus Vollrohrzucker
1 Spritzer Zitronensaft
100 g frische Ananasstücke
12 frische Zitronenmelisseblätter

1. Für den Teig alle trockenen Zutaten mit einem Löffel mindestens 1 Minute gut miteinander verrühren.

2. Das Sonnenblumenöl mit der Hafermilch und dem Zitronensaft in einem Messbecher gut verquirlen.

3. Nun die flüssigen zu den trockenen Zutaten geben und gemeinsam mit dem Apfelmus verrühren, bis keine Mehlreste mehr zu sehen sind.

4. Eine Muffin-Backform mit Papierförmchen auslegen und den Teig gleichmäßig auf alle 12 Förmchen verteilen.

5. Im nicht vorgeheizten Backrohr bei 160 °C ca. 25 Minuten backen, bis die Oberfläche leicht goldbraun ist. Die Muffins anschließend zusammen mit den Papierförmchen aus der Backform herausnehmen und auf einem Kuchengitter mindestens 1 Stunde auskühlen lassen.

6. Inzwischen das Kokosmus in einem Topf im Wasserbad langsam schmelzen und mit der weichen Margarine, dem Staubzucker und dem Zitronensaft mit einem Handrührgerät zu einer Creme mixen. Anschließend für 1 Stunde in den Kühlschrank stellen.

7. Die feste Kokoscreme in einen Spritzsack mit Sterntülle füllen und auf die ausgekühlten Muffins aufdressieren. Mit den Ananasstücken und Zitronenmelisseblättern garnieren und bis zum Genuss kühl stellen.

TIPP: Der Sommer mit seiner Blüten- und Pflanzenpracht bietet einen wundervollen Fundus an Material zum Verzieren und Verfeinern. Besonders Malvenblüten passen gut auf diese Cupcakes. Du kannst anstatt der Ananasstücke natürlich auch frische Erdbeeren oder Himbeeren direkt aus dem Garten oder Wald verwenden!

HIMBEER-SCHOKO-TORTE

FÜR EINE RUNDE TORTENFORM MIT 28 CM DURCHMESSER

FÜR DIE TORTE

400 g Dinkelfeinmehl
50 g Keimlingsmehl
180 g Vollrohrzucker
1 Pkg. Weinstein-Backpulver
1/2 TL Steinsalz
15 g Kakaopulver ungesüßt
120 ml Sonnenblumenöl high oleic
400 ml Sojamilch
50 ml Sojasahne zum Aufschlagen
2 EL Apfelessig naturtrüb
2 EL Mandelmus

FÜR DIE CREME

250 g vegane Margarine, zimmerwarm
300 ml Hafermilch
1 Pkg. Vanillepuddingpulver
100 g Staubzucker, am besten aus Vollrohrzucker

FÜR DEN BELAG

300–350 g Himbeeren, frisch oder gefroren
30 g rohe Kakaonibs

evtl. Minzblätter und Blüten zum Garnieren

1. Für den Teig die Mehle, den Zucker, das Backpulver, Salz und Kakaopulver gut miteinander verrühren.

2. Das Sonnenblumenöl mit der Sojamilch und dem Apfelessig in einem Messbecher gut vermischen.

3. Die flüssigen Zutaten zügig mit der Mehlmischung vermengen und maximal 30 Sekunden rühren. Die Sojasahne anschließend dazugießen, ohne sie vorher aufzuschlagen, und locker unterheben. Zuletzt das Mandelmus mit einer Gabel unterrühren.

4. Eine Tortenform nur am Boden mit Backpapier auslegen und den Teig hineingeben. Im nicht vorgeheizten Backrohr bei 160 °C ca. 35–40 Minuten backen. Ist die Tortenmitte beim leichten Klopfen mit den Fingern fest, ist der Boden fertig. Sollte sie noch leicht nachgeben, noch ein wenig länger backen. Die Tortenform anschließend aus dem Rohr nehmen und auf einem Kuchengitter auskühlen lassen.

5. Aus der Hafermilch und dem Puddingpulver nach Packungsanleitung einen sehr festen Pudding kochen, vom Herd nehmen und abkühlen lassen. In der ersten Viertelstunde immer wieder mit einem Schneebesen durchrühren, damit sich keine Klümpchen bilden.

6. Nach mindestens 2 Stunden sollten Pudding und Margarine die gleiche Temperatur haben und können unter Zugabe des Staubzuckers mit einem Handrührgerät auf niedriger Stufe zu einer glatten Creme gemixt werden. Sie sollte anschließend im Kühlschrank 1/2 Stunde lang durchziehen können, währenddessen auch die Torte auskühlen lassen.

7. Die ausgekühlte Torte mit einem großen Messer horizontal teilen und die obere Hälfte vorsichtig abheben und daneben ablegen. Den unteren Tortenboden mit der Hälfte der Puddingcreme bestreichen und mit den Himbeeren belegen. Bitte mindestens 12 Himbeeren zum Verzieren übriglassen.

8. Den oberen Tortenteil nun wieder aufsetzen und die Torte rundherum mit der Puddingcreme einstreichen. Mit einem Konditormesser oder einer Streichpalette geht das ganz einfach. Etwa 2 EL Creme für die Verzierung aufsparen.

9. Die Creme in einen Spritzsack mit einer sternförmigen Spritztülle einfüllen und so viele Rosetten wie Himbeeren auf dem Tortenrand formen. In jede Rosette eine Himbeere setzen und die Mitte der Torte mit den Kakaonibs bestreuen. Bis zum Servieren sollte die Torte im Kühlschrank aufbewahrt werden. Du kannst sie auch noch mit Minzblättern oder Blüten verzieren.

TIPP: Die Torte schmeckt am besten, wenn sie einige Stunden oder über Nacht durchkühlen kann. Besonders bei sommerlichen Temperaturen wird die Creme sehr schnell weich, du solltest sie also erst kurz vor dem Verzehr aus der Kühlung nehmen! Um zu variieren, könntest du anstatt der Himbeeren auch Kirschen verwenden. Nimm einfach 350 g Kirschkompott, geh vor wie bei den Himbeeren und fertig ist eine herrliche vegane Schwarzwälder Kirschtorte!

DAS LEBEN IST EIN *Fest!*

Veggi Mäggis
kreative Partyideen
für jeden Anlass

GEBURTSTAGSPARTY FÜR VEGANE GENIESSER

SCHOKO-KÜRBIS-KUCHEN VOM BLECH

Ein Geburtstagskind, das vegan lebt, wünscht sich vor allem eines: veganes Festessen! Bei Feiern zu Tisch im großen Familienkreis bieten sich da zum Beispiel Menüs an: Mit **Gemüse süß-sauer mit Omas Risipisi** und **Spicy Seitan-Frucht-Spießen** holst du dir einen asiatischen Touch in dein Zuhause. Als passende Vorspeise eignet sich der **China-Suppentopf mit Tofu,** als Dessert der **Kokos-Chia-Pudding mit frischen Früchten.** Darauf abgestimmt könnten auch der Tischschmuck und Blumen sowie Tischkärtchen gestaltet werden: Mit schönen Orchideenblüten, kleinen, asiatischen Papierschirmchen oder Lampions im chinesischen Stil kannst du deiner Geburtstagsparty einen individuellen und zum Menü passenden Anstrich geben.

Steigt eine große Geburtstagsfete, bei der sich die Gäste in der Wohnung oder im Haus verteilen, wäre Fingerfood wie die **Mini-Quiches** oder der **Flammkuchen mit Kraut** bestens geeignet, um ungezwungen bei einem kleinen Buffet zuzugreifen.

Egal wo und wie gefeiert wird: Eine richtige Geburtstagstorte mit Kerzen darf auf keinen Fall fehlen! Probier doch einfach die vegane **Himbeer-Schoko-Torte** – die schmeckt einfach vorzüglich. Mit dieser fruchtig-cremigen Überraschung machst du garantiert alle anwesenden Naschkatzen glücklich. Neben der Torte versorgt ein Blechkuchen wie der **Schoko-Kürbis-Kuchen** viele Gäste mit einem Dessert. Für den Kaffee oder Kakao sollte am besten ein Vorrat an Hafer-, Soja-, Mandel- oder Reismilch bereitstehen. Zum Aufschlagen gibt es inzwischen auch Cuisines, mit deren Schaum man Torten und Kuchen dekorieren kann. Perfekt abgerundet wird der Augenschmaus mit Minzblättchen, essbaren Blüten oder Kakaonibs.

Um sicherzugehen, dass auch wirklich alles rein pflanzlich ist, feiern viele VeganerInnen gerne zu Hause und kochen dementsprechend auch selbst.

FLAMMKUCHEN MIT KRAUT

GEMÜSE SÜSS-SAUER MIT OMAS RISIPISI

Das macht dem Geburtstagskind und seinen Helfern viel Arbeit. Ist man bei einer Geburtstagsparty eingeladen, wäre es doch eine nette Idee, einen „Gutschein fürs Küche-sauber-Machen" zu schenken. So kann das Geburtstagskind die Party in vollen Zügen genießen: sich feiern lassen, schlemmen, tanzen oder einfach entspannt am Geburtstagstisch sitzen und sich mit den Gästen unterhalten. Währenddessen beseitigen ein paar fleißige Helferlein das Chaos in der Küche.

Möchte man gerne auswärts feiern, ist es nach vorheriger Absprache meist möglich, die Geburtstagstorte selbst mitzubringen, da zwar schon oft vegane Speisen, vegane Kuchen aber noch eher selten angeboten werden. Eventuell musst du mit einem kleinen „Tellergeld" für die Bereitstellung von Desserttellern und kleinen Gabeln rechnen.

Und zu guter Letzt darf natürlich auch ein Glas Wein oder Sekt zum Anstoßen auf das Geburtstagskind nicht fehlen. Dabei sollte man darauf achten, dass auch das vegan ist – das heißt, dass es ohne tierische Hilfsmittel wie Gelatine geklärt wurde.

UND HIER FINDEST DU DIE PARTYREZEPTE

Gemüse süß-sauer mit Omas Risipisi → S. 47

Spicy Seitan-Frucht-Spieße → S. 91

China-Suppentopf mit Tofu → S. 53

Kokos-Chia-Pudding mit frischen Früchten → S. 123

Mini-Quiches aus Blätterteig → S. 35

Flammkuchen mit Kraut → S. 65

Himbeer-Schoko-Torte → S. 138

Schoko-Kürbis-Kuchen vom Blech → S. 129

'O SOLE MIO – MEDITERRANES SOMMERFEST IM GRÜNEN

CASHEW-MOZZARELLA MIT TOMATEN

GEEISTE ZUCCHINICREMESUPPE

Die Straße flimmert in der Gluthitze, die Grillen zirpen, die Sonne sticht vom Himmel, du hast deine Wintersachen gegen Flip-Flops getauscht – kein Zweifel: Es ist Sommer! Was wäre da schöner, als gemeinsam einen Tag mit deinen Freunden in der Sonne zu verbringen. Und was würde besser passen, als ein mediterranes Sommerfest nach dem Motto „'O sole mio"? Das klingt nach Lebensfreude, Sommer, Meer, gutem Essen, frischem, aromatischem Gemüse und Obst, einem guten Glas Wein. Hol dir und deinen Freunden doch ein Stückchen davon in den eigenen Garten, auf deinen kleinen Balkon oder in den blühenden Park ein paar Straßen weiter. Vielleicht hast du ja auch einen kleinen Schwimmteich oder ihr feiert an einem See? Ein Sprung ins kühle Nass sorgt für Urlaubslaune und lachende Gesichter.

Passend zum Motto und zum heißen Wetter, erwartest du deine Gäste schon mit erfrischender Zitronenlimonade mit Kräutern und einer herrlich kühlenden **geeisten Zucchinicremesuppe.** Zu deinem selbstgemachten **Cashew-Mozzarella** passt ein Korb sonnengeküsster, knackiger Tomaten.

Mit einem großen Blech **Gemüsequiche** und himmlisch duftenden **Rosmarin-Braterdäpfeln** versorgst du die hungrigen Mäuler. Dazu passt perfekt eine pikante **Zucchini-Mayonnaise,** die du aus der letzten Ernte gezaubert hast. Das Salatbuffet bietet knackige Blattsalate. Du solltest Essig, Öl und Gewürze für deine Gäste zum Selbstmarinieren bereitstellen – so bleibt der Salat frisch und deine Freunde können sich je nach geschmacklichen Vorlieben ihren Lieblingssalat zusammenstellen. Der aromatische **Rettichsalat** und der **Salat „Black Angel" aus schwarzen Linsen** werden garantiert gut ankommen und sind noch dazu leicht bekömmlich.

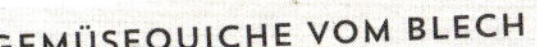

GEMÜSEQUICHE VOM BLECH

TRAUBENKUCHEN MIT MANDELSTREUSELN

SCHWARZER LINSENSALAT „BLACK ANGEL“

Zum **Traubenkuchen mit Mandelstreuseln** fehlt dann nur noch Eiskaffee und gekühlter Reisdrink. Du solltest also nicht vergessen, eine Kühltasche für die Getränke dabeizuhaben. So behalten deine Getränke eine angenehme und erfrischende Temperatur.

An besonders heißen Tagen könnte euch abends ein Gewitter oder Regenguss überraschen. Wenn es keine Möglichkeit gibt, in Innenräume auszuweichen, solltest du an ein kleines Partyzelt denken, unter dem du neben Sitzmöglichkeiten für deine Gäste auch das Buffet aufbauen kannst. So bleiben die Speisen und Getränke auch vor der Sonne geschützt.

Nach Sonnenuntergang klingt der Tag gemütlich plaudernd bei einem kleinen Lagerfeuer aus und ihr macht euch mit dem Gefühl auf die Heimreise, als kämet ihr soeben aus dem Urlaub nach Hause.

UND HIER FINDEST DU DIE PARTYREZEPTE

GARTEN-(ARBEITS-)PARTY FÜR FLEISSIGE HELFER

PIKANTES PIZZABROT

Gerade im Sommer ist im Gemüsegarten immer sehr viel zu tun: Die Beikräuter wollen unter Kontrolle gebracht, Tomaten aufgebunden, die ersten Fisolen geerntet oder Samen abgenommen werden, und, und, und. Schon lange hattest du vor, eine Gartenparty zu veranstalten. Was bietet sich da mehr an, als das Nützliche mit dem Schönen zu verbinden? Lade doch deine liebsten und hilfsbereitesten Freunde zu einer Gartenarbeitsparty ein! Wenn viele fleißige Hände zugleich am Werk sind, geht alles schneller und macht auch noch mehr Spaß. Deine Freunde aus der Stadt werden die Zeit im Garten sogar als Erholung vom Betonalltag genießen.

Arbeit macht hungrig, deshalb solltest du darauf achten, dass die Mägen deiner Freunde gut gefüllt werden: Nach getaner Arbeit oder für Zwischendurch wartet ein buntes Buffet aus frisch geernteten Zutaten, kleinen Snacks und frischen Säften, zum Beispiel das **pikante Pizzabrot** mit **Kren-Karotten-Dip** oder **Mini-Muffins.** – Dieses köstliche Fingerfood stärkt deine Helfer garantiert!

Warum nicht auch mal draußen kochen? Im Sommer bietet es sich an, die Küche ins Freie zu verlegen: Eine Kochplatte oder ein Gasgriller auf einem Gartentisch ermöglichen luftiges Kochvergnügen. Ideal, weil wetterunabhängig, eignet sich dafür eine überdachte Terrasse oder ein stabiles Gartenzelt als Standort. Ein mit **Kräutern und Cashew-Kernen bestreutes Risotto** ist in 25 Minuten Kochzeit fertig und eine grandiose Vorspeise für die ersten

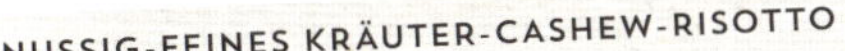

NUSSIG-FEINES KRÄUTER-CASHEW-RISOTTO

BUNTER SALAT MIT TOFU-GRÖSTL

KOKOS-CHIA-PUDDING MIT FRISCHEN FRÜCHTEN

hungrigen Helfer. Als besonders gute Hauptspeisen bei anstrengender Arbeit kann ich dir den **bunten Salat mit Tofu-Gröstl** oder ein **Fisolengulasch mit Mini-Semmelknödeln** empfehlen. Wenn ihr gerade beim Ernten seid, könntet ihr die Gerichte ja auch gemeinsam zubereiten. Die Knödelmasse für die Semmelknödel sollest du allerdings besser schon am Morgen vorbereiten. Als krönenden Abschluss kannst du deinen Freunden den **Kokos-Chia-Pudding** servieren. Besonders gut macht er sich mit frisch gepflückten Beeren aus deinem Garten.

Wenn dann noch Zeit bleibt, könntet ihr nach dem Essen auch gemeinsam mit der Weiterverarbeitung der Ernte beginnen: waschen, zupfen, schneiden und einkochen. Und bei so guter Versorgung kommen deine Helfer beim nächsten Mal sicher gerne wieder zu deiner Gartenarbeitsparty!

UND HIER FINDEST DU DIE PARTYREZEPTE

Pikantes Pizzabrot → S. 75

Pikanter Kren-Karotten-Dip → S. 23

Nussig-fruchtige Mini-Muffin-Variation → S. 135

Nussig-feines Kräuter-Cashew-Risotto → S. 45

Bunter Salat mit Tofu-Gröstl → S. 109

Fisolengulasch mit Mini-Semmelknödeln → S. 42

Kokos-Chia-Pudding mit frischen Früchten → S. 123

GRILLFEST

SPICY SEITAN-FRUCHT-SPIESSE

Gartenbesitzer nützen wohl jeden halbwegs trockenen Tag, um im Freien zu Grillen. Im Frühsommer an den ersten lauen Nachmittagen, im Sommer bei Gitarrenklängen bis tief in die Nacht hinein und selbst an den letzten sonnigen Herbsttagen wird gegrillt, was das Zeug hält. Wenn dann der Duft von würzigem Grillgut und geröstetem Brot in der Luft liegt, ist auch der Nachbar gerne beim geselligen Beisammensein dabei.

Gasgriller ohne Grillrost, dafür aber mit Grillflächen eignen sich für das vegane Grillen am besten. Beim Grillen auf Holzkohle solltest du eine gute Pfanne für Laibchen und Bratlinge verwenden und auch die Grillspieße auf alten Kuchenblechen grillen, die nur mehr für diesen Zweck verwendet werden. Damit die Hitze noch besser an das Grillgut herankommt, solltest du dazu mit einem Metallbohrer alle 10 cm kleine Löcher bohren.

Wenn du selbst vegan lebst, wird kein Fleisch, Fisch oder Käse auf deinem Grill Platz finden. Mit pikanten **Salaten**, Grill-Spießen, wie zum Beispiel den exotischen **Spicy Seitan-Fruchtspießen**, und köstlichen **Karottenpuffern** wirst du deine Gäste aber ohnehin begeistern. Die **würzigen Kicher-Fladen** können in einer Gusseisenpfanne auf der letzten Gluthitze gebacken werden.

KAROTTENPUFFER

AVOCADO-PAPRIKA-JOGHURT-SALAT

Als süßer Abschluss erfreuen sich **Muffins wie die Kokos-Ananas-Cupcakes** großer Beliebtheit. Verwendest du Papierförmchen, trocknen sie auch weniger leicht aus. Natürlich kannst du sie auch einfach in verschließbaren Behältern bereithalten oder transportieren.

Diese köstlichen Speisen lassen sich gut zu Hause vorbereiten und mitnehmen, wenn du zu einer Grillparty eingeladen bist. Aber Achtung, es könnte sein, dass auch alle anderen Gäste gerade von diesen besonderen Gerichten kosten möchten. Nimm also vorsichtshalber immer gleich mehr mit.

UND HIER FINDEST DU DIE PARTYREZEPTE

Salatvariationen → ab S. 99
Spicy Seitan-Frucht-Spieße → S. 91
Karottenpuffer → S. 85
Würzige Kicher-Fladen → S. 72
Sommerliche Kokos-Ananas-Cupcakes → S. 137
Nussig-fruchtige Mini-Muffin-Variation → S. 135

MITBRING-PICKNICK IM GRÜNEN

WÜRZIGER ROTE RÜBEN-SONNENBLUMEN-AUFSTRICH

Du kennst das wahrscheinlich: lange Vorbereitungszeiten, aufräumen, Platz schaffen, Sitzmöglichkeiten organisieren, genug Geschirr bereithalten, und ist der Partyspaß dann vorbei, wartet in Wohnzimmer und Küche ein Chaos auf dich, das beseitigt werden will. Das verdirbt die Lust an der Feier schon, bevor du dir überlegt hast, was es zum Essen geben soll. Ich kenne Menschen, die nur aus diesem Grund nie ein Fest machen oder Freunde einladen. Aber auch dafür gibt es die perfekte Partyidee!

Ich liebe es zu kochen, aber ich habe trotzdem schon einige Male bei meinen Freunden ein Mitbring-Picknick ausgerufen. Erstens lassen sich auf diese Weise auch große Zusammenkünfte mit sehr vielen Menschen organisieren, zweitens kann man auch an Orten feiern, die normalerweise keine Infrastruktur wie Tische, Wasser, Geschirr usw. bieten: nämlich mitten in der Natur, unter freiem Himmel, an einem Bach oder See, auf einer Waldlichtung, in einem Park oder ruhigen Innenhof. Einfach herrlich! Und die Möglichkeiten sind praktisch unbegrenzt – lass deiner Fantasie freien Lauf.

Das Wichtigste bei einem Mitbring-Picknick sind die Hinweise auf der Einladung: Es sollte ganz klar und verständlich draufstehen, was mitgebracht werden soll. So gibt es später keine unerwarteten Überraschungen, die die gute Stimmung mindern. Jeder Gast bringt einen Koffer, einen Korb oder eine Kiste mit eigenem Geschirr, eigenen Gläsern, Servietten und Decken oder Sitzgelegenheiten mit. Auch die Menge an Essen und Getränken, die die Gäste für sich selbst und mitgebrachte Freunde benötigen, sollte bedacht werden. Entweder versorgt sich jeder selbst oder es gibt ein großes Buffet

REISNUDEL-KAROTTEN-SALAT MIT RUCOLA

COUSCOUS-SALAT ALL'ARRABIATA MIT DATTELN UND SESAM

MOHN-HANF-COOKIES

aus allen mitgebrachten Köstlichkeiten, von denen sich jeder etwas nehmen kann. Das kann sehr bunt und spannend sein, für VeganerInnen wird sich die Auswahl bei „gemischten" Picknicks aber eher auf die selbst mitgebrachten Speisen beschränken. Das solltest du beim Verschicken der Einladungen bedenken.

Es wäre auch eine tolle Idee, mit der Einladung gemeinsam auch ein paar Rezepte mitzuschicken, die einfach nachzukochen sind und eine inspirierende Anregung für die Gäste sein können. Ich habe dir eine kleine Auswahl an solchen Rezepten zusammengestellt, prinzipiell eignet sich dafür aber alles aus den Bereichen Fingerfood, Aufstriche und Salatvariationen.

UND HIER FINDEST DU DIE PARTYREZEPTE

Würziger Rote Rüben-Sonnenblumen-Aufstrich → S. 25
Couscous-Salat all'Arrabiata mit Datteln und Sesam → S. 101
Flammkuchen mit Kraut → S. 65
Reisnudel-Karotten-Salat mit Rucola → S. 107
Irish Soda Bread mit Gewürzen → S. 79
Mohn-Hanf-Cookies → S. 125

KLEIDER-TAUSCH-BOUTIQUE

WALNUSSSEMMELN

Gemeinsam mit Freunden durch Einkaufspassagen schlendern, nach Lust und Laune die schöne Kleidung in den Auslagen bewundern, neue Outfits aussuchen und anprobieren, sich beraten lassen oder selbst als Stylist fungieren – das macht vielen Leuten Spaß. Aber nicht immer hat man Freude am Lärm, Rummel und der unübersichtlichen Auswahl, die in den Geschäften und Einkaufszentren herrschen. Und noch dazu ist es fraglich, ob wir wirklich immer alles brauchen, was uns da in den Läden entgegenlacht.

Das Stichwort Nachhaltigkeit spielt auch beim Konsum und der Kleidung eine Rolle: Fast alle von uns haben im eigenen Kleiderschrank viele Sachen, die wir nicht mehr brauchen, nicht mehr tragen können, die uns nicht mehr gefallen und die vielleicht noch fast wie neu sind. Immer beliebter wird es deshalb, Kleidung zu tauschen, anstatt sie im Schrank zu vergessen oder wegzuschmeißen. Wie toll wäre es da, einmal eine Party unter dem Motto „Kleider-Tausch-Boutique" zu veranstalten! Und nachdem das Wühlen in Kleidern, das Anprobieren und Beraten ziemlich anstrengend werden können – oder einfach, weil es gut schmeckt: Etwas Feines zum Essen gehört natürlich auch dazu!

Für so einen Anlass wäre ein kleiner Buffettisch mit allerlei handlichen Köstlichkeiten perfekt: Gut vorbereiten kannst du ein paar **Walnusssemmeln,** zu denen verschiedene Aufstriche, wie zum Beispiel der **Kren-Karotten-Dip,** gereicht werden. Ein **Rotkraut-Apfel-Strudel** kann in kleine Stücke geschnitten **mit einem Knoblauchdip** auch kalt genossen werden. Ein Teller mit Rohkost-Sticks aus Karotten, Kohlrabi, Paprika, gelben Rüben, Kürbis oder

ROTKRAUT-APFEL-STRUDEL MIT KNOBLAUCHDIP

PIKANTER KREN-KAROTTEN-DIP

NUSSIG-FRUCHTIGE MINI-MUFFIN-VARIATION

Karfiolröschen ist die ideale Beilage zu kleinen **Grünkernlaibchen.** Du könntest auch deine Freunde bitten, etwas mitzubringen. Süße **Mini-Muffins** eignen sich besonders gut: Befreit von Besteck, Geschirr und herrlich unkompliziert, kann man sie bequem beim fröhlichen Kleidertausch genießen.

Bei Kaffee, Tee und Matcha, Fruchtsäften und erfrischendem Quellwasser wird nach Herzenslust anprobiert, verglichen, gelobt und vor dem gut platzierten Spiegel getanzt. So manches einst unbeachtete Kleidungsstück wird garantiert einen neuen Liebhaber finden. Bleiben am Ende des Treffens noch Sachen übrig, kann man sie säuberlich verpackt zur nächsten Altkleidersammlung bringen. Etwas Neues gefunden, jemandem mit seinen Sachen eine Freude gemacht, der Umwelt etwas Gutes getan, köstliches Essen genossen und eine tolle Zeit mit Freunden verbracht. So eine Kleider-Tausch-Boutique macht einfach rundum glücklich!

UND HIER FINDEST DU DIE PARTYREZEPTE

Walnusssemmeln ➳ S. 77

Pikanter Kren-Karotten-Dip ➳ S. 23

Rotkraut-Apfel-Strudel mit Knoblauchdip ➳ S. 71

Grünkernlaibchen „Greenies“ ➳ S. 83

Nussig-fruchtige Mini-Muffin-Variation ➳ S. 135

LAST-MINUTE-FETE

IRISH SODA BREAD MIT GEWÜRZEN

BLITZPIZZA MIT MAIS, ZWIEBELN UND OLIVEN

Stell dir vor: Es ist Sonntagmorgen, du räkelst dich noch im Bett, vielleicht mit einem guten Buch, der Tag liegt unverplant vor dir, herrliche Ruhe um dich herum – da läutet plötzlich das Telefon: Deine Freunde von früher, die umgezogen sind und die du nur noch selten siehst, haben sich spontan für einen Besuch angemeldet. Erst kommt die Freude, dann die Erkenntnis: In zwei Stunden stehen sie bei dir vor der Tür, und du hast nichts vorbereitet. Was jetzt?

Ich kann dich beruhigen, denn für diesen besonderen Anlass habe ich ein paar besonders schnelle und unkomplizierte Rezepte auf Vorrat. Mit ein paar Grundzutaten kannst du im Handumdrehen Köstlichkeiten zaubern, ohne ins Schwitzen zu kommen. Also erst einmal raus dem Bett und ab in die Speisekammer, um zu sehen, was du dort alles finden kannst.

Dinkelmehl, Maisgrieß, Nudeln und Zwiebeln hast du vorrätig, perfekt. Du findest auch noch Oliven, Mais und Tomaten-Polpa. Was hat der Kühlschrank zu bieten? Vielleicht ein paar gekochte Erdäpfel vom Vortag, 1–2 Karotten, Paprika und noch eine angebrochene Packung Kokosmilch. Nicht schlecht, aber was kann man daraus zaubern?

Sehr viel sogar! Du könntest gleich den Teig für ein **Irish Soda Bread mit Gewürzen** ansetzen, der in fünf Minuten ins Backrohr wandert und jetzt mal für eine halbe Stunde allein vor sich hin bäckt. Ging doch ganz schnell und unkompliziert! Sind deine Freunde und du besonders hungrig, könntest du danach gleich das vorgeheizte Backrohr für eine **Blitzpizza mit Mais, Zwiebeln und Oliven** nutzen.

WÄRMENDE DINKEL-GEMÜSESUPPE NACH HILDEGARD VON BINGEN

GRENADIER-SALAT

RATATOUILLE MIT POLENTA-GUGELHUPF

Eine praktische Idee wäre auch eine Suppe, die du aus Karotten, Sellerie, Zwiebeln und Dinkelmehl zaubern kannst: Eine herrlich wärmende und unkomplizierte **Dinkel-Gemüsesuppe**. Mit den Erdäpfeln vom Vortag und ein paar schnell gekochten Nudeln könntest du auch einen flotten **Grenadier-Salat** machen.

Da waren ja noch Paprika, Tomatenpolpa und Zwiebeln. Das schreit ja schon fast nach einem schnellen **feurigen Ratatouille mit Polenta-Gugelhupf** oder Polenta-Schnitten als Beilage. Im letzten Moment fällt dir noch ein, dass du deinen Gästen auch gerne noch etwas Süßes bieten möchtest: Ein **Kokos-Chia-Pudding mit frischen Früchten** ist schnell und mit wenig Aufwand fertig und wartet im Kühlschrank auf seinen Auftritt. Mit diesen flinken Rezepten kannst du auch in Stresssituationen viele Menschen glücklich machen und die Zeit mit deinen Freunden genießen.

UND HIER FINDEST DU DIE PARTYREZEPTE

Irish Soda Bread mit Gewürzen → S. 79

Blitzpizza mit Mais, Zwiebeln und Oliven → S. 63

Wärmende Dinkel-Gemüsesuppe nach Hildegard von Bingen → S. 55

Grenadier-Salat → S. 103

Ratatouille mit Polenta-Gugelhupf → S. 93

Kokos-Chia-Pudding mit frischen Früchten → S. 123

VEGANES DO-IT-YOURSELF-TREFFEN FÜR KREATIVE KÖPFE

WALNUSSSEMMELN

Stricken, Häkeln und Nähen sind in letzter Zeit wieder richtig modern geworden: Die eigene Mütze häkeln, einen individuellen Schal stricken oder gar sein eigenes Kleid entwerfen und schneidern. – Mit Kreativität und ein bisschen Geschick kannst du deinen ganz eigenen Stil in deinen Kleiderschrank bringen. „Do it yourself" hat ja auch den Vorteil, dass du selbst entscheiden kannst, welches Material du verwendest. Immerhin kannst du dann sichergehen, dass die Wolle und Stoffe nicht tierischer Herkunft sind. Natürlich kannst du auch handwerken, Taschen anfertigen oder alte Möbelstücke restaurieren oder etwas reparieren – „Repair Cafés" werden immer beliebter und folgen einem nachhaltigen Gedanken.

Gerade VeganerInnen treffen sich gerne in den eigenen vier Wänden mit Freunden und Gleichgesinnten, weil man in vielen Gegenden noch wenig Lokale findet, die auch veganes Essen anbieten. Was hältst du also von der Idee, einmal ein veganes „Do-it-yourself-Treffen" bei dir zu veranstalten?

Wenn ein paar Leute am Tisch arbeiten, dann liegen Wollknäuel, Scheren, Stricknadeln und andere Utensilien herum – schwierige Voraussetzungen also, um ein aufwändiges Menü unterzubringen. Deshalb eignet sich für diesen Anlass sowohl süßes als auch pikantes Fingerfood. Eine Hand bleibt so immer frei und sauber. Die **Walnusssemmeln** kannst du mit **Liptauer** bestreichen, mit rotem Paprika und Essiggurken garnieren und bequem zum

LIPTAUER NACH ALTER TRADITION

PIZZA-SCHNECKERL À LA MÄGGI

MINI-VEGGIE-BURGER

Zugreifen auf einer Platte bereitstellen. **Pizza-Schneckerl** und **Mini-Veggie-Burger** sind ebenfalls praktische „Ein-Hand-Menüs". Für die Naschkatzen unter den Kreativen kannst du einen Teller mit **Cookies** oder köstlichen kleinen **Topfengolatschen** vorbereiten. Tee, Kaffee, Kakao und Säfte machen sich gut auf dem Basteltisch, und aus einem großen Glas mit Strohhalm gelingt sogar das Trinken, ohne die Arbeit aus den Händen legen zu müssen.

Sollten die Finger doch einmal schmutzig werden, solltest du Servietten, Küchenrolle oder Babypflegetücher zur Reinigung bereitstellen. Viel Spaß beim Basteln und Kreativsein!

UND HIER FINDEST DU DIE PARTYREZEPTE

Walnusssemmeln ➳ S. 77

Liptauer nach alter Tradition ➳ S. 29

Pizza-Schneckerl à la Mäggi ➳ S. 39

Mini-Veggie-Burger ➳ S. 33

Mohn-Hanf-Cookies ➳ S. 125

Herzhaft süße Topfengolatschen ➳ S. 127

MOHN-HANF-COOKIES

HIMBEER-SCHOKO-TORTE

BIO-VEGAN-CAFÉ

Wer liebt nicht die gemütliche Kaffeehausatmosphäre? Sich nach einem netten Stadtbummel oder während der Wartezeit auf Bus oder Bahn in ein kleines Café zu setzen und Kaffee, Tee und süße Köstlichkeiten zu genießen. Leider müssen VeganerInnen sich häufig noch mit pflanzlichen Alternativen zu tierischer Milch im Kaffee begnügen. Vegane Kuchen, Mehlspeisen oder gar Torten – davon können wir meistens nur träumen. Mit großem Jubel wird es darum goutiert, wenn zur Abwechslung einmal ein rein pflanzlicher Muffin oder Cookie im Angebot ist. Was für eine Riesenfreude würdest du deinen veganen Freunden also machen, wenn du sie einmal zu einem richtigen „Bio-vegan-Café“ einladen würdest?

In diesem Buch findest du unkomplizierte und individuell abwandelbare Rezepte für Kuchen und Muffins. Die Teige sind sehr einfach herzustellen, und bei Bedarf kannst du sie mit ein wenig Kreativität zu deinen ganz persönlichen Süßspeisenerlebnissen machen und deine Gäste damit verzaubern. Ich würde dir die **Himbeer-Schoko-Torte** und **Kokos-Ananas-Cupcakes** empfehlen – die lassen durch ihre Kombination aus leichter Creme mit frischen Früchten alle Herzen höher schlagen. Du könntest deine Freunde aber auch mit **warmen Topfengolatschen** und knusprigen **Mohn-Hanf-Cookies** überraschen. Die sind nicht nur köstlich, sondern auch handlich und gut zu transportieren.

Im Sommer locken Eis und Eiskaffee. Sorbets aus Früchten kannst du nach deinen Obstvorlieben ganz einfach herstellen: Nimm dir deine Lieblingsfrüchte, füge ein wenig Vollrohrzucker oder alternative Süßungsmittel hinzu und püriere sie. Nach 2–3 Stunden im Gefrierfach kannst du dein selbstgemachtes Sorbet servieren – superschnell, supereinfach und 100 % vegan!

HERZHAFT SÜSSE TOPFENGOLATSCHEN

SOMMERLICHE KOKOS-ANANAS-CUPCAKES

Wenn du lieber cremige Eissorten hast, kannst du auch mit Mandel- oder Sojamilch, reifen Bananen, echter Bourbon-Vanille und Zucker experimentieren. Praktisch jedes klassische Eis-Rezept kannst du mit Pflanzenmilch oder -sahne vegan machen. Probier's doch mal aus!

Beim Kaffee möchte ich dir gerne empfehlen, wieder einmal den guten, alten Filterkaffee von Hand aufzubrühen. Nicht nur der Geschmack wird dich überzeugen: Den Papierfilter mit Kaffeesud kannst du den dankbaren Regenwürmern am Kompost verfüttern und ersparst der Umwelt noch dazu Unmengen an vermeidbaren Kapselverpackungen aus Aluminium. Um Kaffee zu verfeinern und ein Sahnehäubchen aufzusetzen, gibt es viele vegane Möglichkeiten: Unter den unterschiedlichen Drinks und Cuisines findet jeder seinen Geschmacksfavoriten. Sogar Sprühobers aus Soja und Reis sind schon erhältlich! Dem Tee und Chai gibst du mit Hafermilch und Gewürzen einen besonderen Kick. Statt Honig fließen Reis-, Ahorn oder Agavensirup goldig glänzend in den Tee oder die Zitronenlimo.

Mach dir mit deinen Gästen einen gemütlichen Nachmittag und genießt die herrlichen Süßspeisen! Als Bonus erfahren deine nicht veganen Freunde, dass man auch ohne Eier, Butter und Milch wunderbar köstlich backen kann.

UND HIER FINDEST DU DIE PARTYREZEPTE

Himbeer-Schoko-Torte → S. 138

Sommerliche Kokos-Ananas-Cupcakes → S. 137

Herzhaft süße Topfengolatschen → S. 127

Mohn-Hanf-Cookies → S. 125

ÜBERSIEDLUNGS-BUFFET FÜR DIE BESTEN FREUNDE DER WELT

KNACKIGE KAROTTEN- UND KOHLRABI-STICKS

GRÜNKERNLAIBCHEN „GREENIES“

Jede Veränderung im Leben ist nicht nur von Schönem begleitet: Wenn du schon einmal umgezogen bist, weißt du, wie nervenaufreibend und kräfteraubend das sein kann. Alles zusammenpacken, abbauen, von A nach B bringen, wieder aufbauen – und dabei ja nichts vergessen oder kaputtmachen. Wie schön, dass es in deinem Leben Freunde gibt, die dir bei dieser anstrengenden Aufgabe tatkräftig zur Seite stehen und dir helfen. Immerhin schaffen eine Menge Hände in kurzer Zeit viel mehr und gemeinsam macht das alles auch noch Spaß.

Erfahrungsgemäß beginnt das Übersiedeln meist geordnet und endet im kleinen Chaos, denn ein Umzug bedeutet immer auch die Möglichkeit, sich von Dingen, die man nicht mehr braucht, zu trennen. Es wäre also eine tolle Idee, wenn deine Freunde zusätzlich ein paar Schachteln, Kisten oder Taschen mitnehmen könnten: Alles, was zurückbleibt und nicht ins neue Heim transportiert wird, wird gesammelt. Vielleicht können deine Freunde ja etwas davon gebrauchen? Oder jemand in deinem Bekanntenkreis richtet sich selbst gerade ein und ist froh um die Gegenstände und Möbel? In Taschen und Kisten verpackt, wandern deine alten Sachen zu ihren neuen Besitzern. Was übrig bleibt, könnt ihr auf den Flohmarkt bringen, für gemeinnützige Zwecke spenden oder auf den Sperrmüll bringen.

Ganz wichtig bei all der Arbeit ist es, genug zu trinken! Das Problem beim Umzug: Das Geschirr ist schon verpackt. Und in dem Getümmel zerbricht auch schnell einmal etwas. Bereite doch für deine Freunde einfach eine eigene, mit Namen beschriftete und verschließbare Wasserflasche mit Zitronenscheiben und frischen Minzblättern vor. Die kann praktischerweise immer wieder mit kühlem Wasser aufgefüllt werden.

PIZZA-SCHNECKERL À LA MÄGGI

MOHN-HANF-COOKIES

VEGGI MÄGGIS SPAGHETTI-SALAT

Kistenschleppen kann aber niemals nur ein ganz uneigennütziger Akt sein, schließlich haben alle bei der Arbeit die vorfreudige Erwartung, dass es auch etwas Feines zu Essen geben wird. Die perfekte Motivation also, und dazu noch ein tolles Dankeschön an die besten Freunde der Welt!

Für den kleinen Hunger zwischendurch ist natürlich Fingerfood angesagt: Kleine **Grünkernlaibchen, Karotten- und Kohlrabi-Sticks** oder **Pizza-Schneckerl,** kann man auch zwischen Tür und Angel schnell als kleine Happen verzehren. Für die süßen Naschkatzen eignen sich alle Arten von Cookies, wie zum Beispiel die **Mohn-Hanf-Cookies,** die du in kleinen Schüsselchen bereitstellenkannst. Als Belohnung für die tatkräftige Mitarbeit freuen sich am Ende des anstrengenden Tages bestimmt alle müden Freunde über ein deftiges **Gemüsechili mit Polentaherzen** oder einen **Spaghetti-Salat.** Wenn alle Arbeit getan ist, könnt ihr mit einem Glas Sekt auf deinen neuen Lebensabschnitt und zur Dankbarkeit für die Hilfe anstoßen.

UND HIER FINDEST DU DIE PARTYREZEPTE

Grünkernlaibchen „Greenies“ ⇶ S. 83

Knackige Karotten- und Kohlrabi-Sticks ⇶ S. 37

Pizza-Schneckerl à la Mäggi ⇶ S. 39

Mohn-Hanf-Cookies ⇶ S. 125

Gemüsechili mit Polentaherzen ⇶ S. 58

Veggi Mäggis Spaghetti-Salat ⇶ S. 105

BESINNLICHE FAMILIENWEIHNACHTSFEIER

DEFTIGER SEITANTOPF MIT APFELKREN

DEFTIGER LINSENBRATEN MIT ROTKRAUT

Weihnachten ist ein Fest, für das sich viele Frieden, Liebe und Freude wünschen – auch an der Festtafel. Bei manchen schaut der tatsächliche Ablauf allerdings anders aus: Auf die seit Jahren fortgeführte Tradition, an den Weihnachtstagen bestimmte Gerichte aus Fleisch zu essen, möchten nicht alle verzichten. Diskussionen zum Leben mit oder ohne Fleisch sollten an diesen ruhigen Tagen vermieden werden, besser ist es, schon im Vorfeld gut zu planen und sich dann mit Achtsamkeit, Toleranz und Verständnis zu begegnen. Gute Stimmung kann auch das gemeinsame Dekorieren des Hauses mit duftenden Tannenzweigen und Kerzen oder das Schmücken des Weihnachtsbaumes bringen.

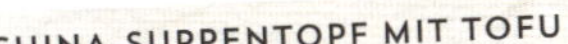
CHINA-SUPPENTOPF MIT TOFU

SAUERKRAUTTOPF MIT ERDÄPFELTALERN

CREMIGE BANANENSCHNITTEN

Ein köstlicher **Linsenbraten mit Rotkraut** oder ein **Seitantopf mit Apfelkren** werden alle OmnivorInnen begeistern. Die gewohnte Form und Konsistenz der Speisen wird viele besinnlich stimmen und zaubert garantiert winterliche Weihnachtsstimmung auf den Tisch!

Wie wär's mit einem weihnachtlichen Menü vom Buffet, das allen Familienmitgliedern das Wasser im Munde zusammenlaufen lässt und von dem sich jeder nehmen kann, so viel er will? Zur Vorspeise einen **Wintersalat mit Birnen und Radicchio,** zum Beispiel in kleinen Gläsern angerichtet, oder ein wärmender **China-Suppentopf mit Tofu.** Als Hauptspeise darf's ein deftiger **Sauerkrauttopf mit Erdäpfeltalern** sein? Feine **Kokos-Ananas-Cupcakes** oder **cremige Bananenschnitten** gibt's als krönenden süßen Abschluss. Und einen großen Teller mit veganen Keksen muss es natürlich auch geben! Damit die spannende Zeit bis zur Bescherung auch gut überstanden wird. Frohe Weihnachten!

UND HIER FINDEST DU DIE PARTYREZEPTE

MINI-QUICHES AUS BLÄTTERTEIG

EI-FREI-AUFSTRICH

FESTLICHES GLÜCKWUNSCH-BUFFET ZUR HOCHZEIT

Der schönste Tag im Leben eines Hochzeitspärchens muss natürlich ganz nach dem Geschmack der frisch Vermählten ablaufen. Lebt das junge Eheglück vegan, wird es sich dafür natürlich rein pflanzliche Köstlichkeiten wünschen. Einige werden bei einem Gastwirt feiern, andere eine Cateringfirma mit der Vorbereitung des Festmenüs beauftragen. Dabei sollte man darauf achten, dass der Wein und die Getränke ebenfalls in veganer Qualität angeboten werden.

Egal, wo das Hochzeitsessen schließlich stattfindet: Um die Bestückung des kleinen Buffets direkt nach der Trauung könnten sich doch auch ein paar Freunde des Brautpaars kümmern und so den schönen Tag noch ein wenig schöner und persönlicher machen. Fingerfood und kleine Snacks zur Stärkung nach der Zeremonie können gut vorbereitet werden: Köstliche **Mini-Quiches** sowie fein dekorierte **Kräutertopfen-Paprika-Canapés** werden auf silbernen Platten angerichtet, bunte **Mini-Veggie-Burger** machen sich auf schwarzen Lacktabletts besonders gut und der würzige **Ei-frei-Aufstrich** wird in flachen Glasschälchen mit Kräutern und Blüten dekoriert.

Als süße Kleinigkeit eignen sich die **Mini-Muffins,** für deren Papierförmchen im Anschluss an den Genuss aber genügend kleine Sammelmöglichkeiten bereitstehen sollten. Sehr edel sieht ein mit Minzblättchen und schönen Früchten wie Physalis garnierter **Kokosmilchreis mit Chia-Trauben-Gelee** in kleinen Gläsern aus.* Lange Dessertlöffel nicht vergessen! Erfahrungsgemäß genügt es völlig, wenn für zwei Drittel der Hochzeitsgäste so ein Gläschen bereit steht, denn jeder hält sich gerne eine Ecke im Magen für die Hochzeitstorte frei. Neben all dem kann man auch eine Schüssel mit veganen Süßigkeiten füllen und zur freien Entnahme aufstellen.

MINI-VEGGIE-BURGER

FARBENFROHE KRÄUTERTOPFEN-PAPRIKA-CANAPÉS

KÜHLER KOKOSMILCHREIS MIT CHIA-TRAUBEN-GELEE

Bei den Getränken sind selbstgemachte Kräuter-Limonaden mit Zitronen- und Orangenscheiben ein Renner, Wein und Sekt zum ersten Anstoßen auf das Brautpaar stammen im besten Fall von Bio-Winzern, die ohne tierische Hilfsstoffe bei der Klärung des edlen Tropfens arbeiten.

Idealerweise gibt es jemanden, der sich darum kümmert, dass jeder Hochzeitsgast zu seinem Fingerfood und Servietten kommt, oder aber man baut ein kleines Buffet auf, von dem sich die Leute bequem und ohne Drängeln bedienen können. Auf die Dekoration sollte an einem so wichtigen Tag auch besonders geachtet werden: Elegante weiße Tücher auf Tischen, verschönert mit blühendem Blumenschmuck bilden einen festlichen Rahmen für das Brautpaar. Hoch sollen sie leben!

* Kaum jemand hat eine große Anzahl an Sektgläsern bei sich zu Hause lagernd. Cateringfirmen oder Restaurants bieten teilweise einen Leihservice an. Im Großhandel ist Geschirr auch preisgünstig zu erstehen.

UND HIER FINDEST DU DIE PARTYREZEPTE

Mini-Quiches aus Blätterteig ➳ S. 35
Farbenfrohe Kräutertopfen-Paprika-Canapés ➳ S. 31
Mini-Veggie-Burger ➳ S. 33
Ei-frei-Aufstrich ➳ S. 27
Nussig-fruchtige Mini-Muffin-Variation ➳ S. 135
Kühler Kokosmilchreis mit Chia-Trauben-Gelee ➳ S. 121

PLASTIK-FREI-PARTY

SCHARFES KICHER-CURRY

ROSMARIN-BRATERDÄPFEL MIT ZUCCHINI-MAYONNAISE

Plastik begleitet uns in unserem täglichen Leben, doch so praktisch und vielfältig einsetzbar es auch sein mag – Plastik hat durch seine Herstellung, Verwendung und Entsorgung große und negative Auswirkungen auf unsere Umwelt und die Gesundheit von allen Lebewesen. Aus diesem Grund versuche ich, bei jeder sich bietenden Gelegenheit Plastik zu vermeiden: Ich transportiere Essen in Glasbehältern oder Edelstahl, decke Schüsseln im Kühlschrank mit einem Teller ab und verwende schon seit Jahren zum Einkaufen nur Stofftaschen. Durch die Umstellung unserer Gewohnheiten können wir alle einen großen Beitrag leisten.

Da beim Feiern natürlich auch eine Menge Abfall – unter anderem aus Kunststoff – entsteht, kam mir die Idee, eine Party zu veranstalten, die völlig plastikfrei ist. Das ist eine außerordentliche Herausforderung, da es viel zu bedenken gibt: Bei der Auswahl des Geschirrs und Bestecks, der Tischdecken und Dekorationsartikel fällt es relativ leicht, sich gegen Gegenstände aus Kunststoff zu entscheiden. Einweggeschirr und -besteck gibt es beispielsweise aus Maisstärke oder Holz, Tischdecken aus buntem Papier.

Die größte Aufgabe besteht wohl in der Auswahl der Lebensmittel. In Supermärkten wird alles meist eingeschweißt in Plastik verkauft, deshalb sollte deine Wahl möglichst auf Märkte, Biobauern und Direktvermarkter fallen, da man seine Lebensmittel dort oft unverpackt vorfindet: Mehl, Brot und Gebäck, Erdäpfel und anderes Lagergemüse und -obst, wie knackige Äpfel und Birnen, sind meistens plastikfrei erhältlich. Du solltest darauf achten,

WALNUSSSEMMELN

BLITZPIZZA MIT MAIS, ZWIEBELN UND OLIVEN

FISOLENGULASCH MIT MINI-SEMMELKNÖDELN

dass die Lebensmittel aus der Region stammen, denn Gemüse und Obst, das von weither transportiert wird, wird meist großzügig mit Kunststoff verpackt – leider auch im Bioladen. Dafür darfst du dich aber freuen, dass eingelegtes Gemüse wie Mais, Oliven, Gurken oder Rote Rüben fast immer auch im Glas angeboten wird, das du den Konservendosen vorziehen kannst. Glücklicherweise sind Getränke – ob alkoholische oder alkoholfreie – ohnehin oft in Glasflaschen erhältlich. Kreative Limonaden aus frisch gepressten Säften und Kräutern sparen viele Getränkekartons.

Obwohl das Partymotto nachdenklich macht und einen ernsten Grundgedanken in sich trägt, sollen Spaß, Freude und Lachen beim geselligen Zusammensein natürlich nicht zu kurz kommen – plastikfreie Partyspiele dürfen also nicht fehlen!

UND HIER FINDEST DU DIE PARTYREZEPTE

Scharfes Kicher-Curry → S. 51
Rosmarin-Braterdäpfel mit Zucchini-Mayonnaise → S. 89
Blitzpizza mit Mais, Zwiebeln und Oliven → S. 63
Fisolengulasch mit Mini-Semmelknödeln → S. 42
Walnusssemmeln → S. 77

Anhang

Abkürzungen
Glossar
Alphabetisches Register
Listen gluten- und sojafreier Rezepte

Abkürzungen

KG – Kilogramm
G – Gramm
L – Liter
ML – Milliliter
EL – Esslöffel, Suppenlöffel
TL – Teelöffel, Kaffeelöffel
PKG. – Packung
MSP. – Messerspitze

Glossar

BOHNENNUDELN – reine Eiweiß-Nudeln, hergestellt aus Bohnen, Erbsen oder Linsen
CHIA – nährstoffreicher Samen, der auch Kaltspeisen geliert
COUSCOUS – aus der nordafrikanischen Küche, üblicherweise aus Weizengrieß
CUISINE – cremige, pflanzliche Sahnealternative aus Hafer, Soja, Reis, Kokos, Dinkel oder Mandeln
ERDÄPFEL – Kartoffeln
FISOLEN – Grüne Bohnen
FLECKERL – Nudeln in Rautenform, österreichische Nudelspezialität
GRÜNKERN – früh geernteter, gedarrter Dinkel
KAROTTEN – Möhren
KEIMLINGSMEHL – Mehlmischung aus gekeimtem, getrocknetem Getreide und Saaten
KREN – Meerrettich
LAUCH – Porree
NATRON – Speisesoda
PARADEISER – Tomaten
POLENTA – Maisgrieß
REISNUDELN – Nudeln aus Reismehl, glutenfrei
RISIPISI – Reisgericht mit grünen Erbsen
ROTE RÜBEN – Rote Beete, Rohnen
ROTKRAUT – Rotkohl
SAUERKRAUT – milchsauer vergorenes geschnittenes Weißkraut
SEITAN – Produkt aus Getreideeiweiß (Gluten)
SELLERIE – Sellerieknolle
SEMMEL – Brötchen aus Weißbrot
SEMMELKNÖDEL – Knödel aus getrockneten Weißbrotwürfeln
SONNENBLUMENÖL HIGH OLEIC – hocherhitzbares Sonnenblumenöl, besonders geeignet zum Backen und Braten
STEINSALZ – Vollsalz mit allen Mineralien
TAHIN – Mus aus feingemahlenen Sesamkörnern
TOFU – Produkt aus geronnener Sojamilch
TOPFEN – Quark aus Mandeln und Kokosöl oder auf Sojabasis

Alphabetisches Register

Glutenfreie Rezepte

Sojafreie Rezepte

Brigitte Bach
Vegane Backträume
Kuchen, Kekse und andere Leckereien
120 Seiten, fest gebunden
mit Fotografien von Michael Eckstein
€ 17.95 | ISBN 978-3-7066-2541-8

Veganes Backvergnügen: 100 % pflanzlich – 100 % Genuss!

- » **rein pflanzlich, einfach köstlich und gesund**
- » **verführerische Vielfalt mit beliebten Klassikern und neuen Eigenkreationen**
- » **unkomplizierte Rezepte mit biologisch erzeugten und fair gehandelten Zutaten**
- » **Wissenswertes für den Einstieg ins vegane Backen**
- » **praktische Extras: Warenkunde über die richtigen pflanzlichen Alternativen, Verpackungstipp, Umrechnungstabelle für eckige und runde Backformen**
- » **liebevoll gestaltet und wunderschön bebildert**

Brigitte Bach
Vegane Dessertträume
Cremes, Küchlein, Eis und
kleine Naschereien
144 Seiten, fest gebunden
mit Fotografien von Michael Eckstein
€ 17.90 | ISBN 978-3-7066-2582-1

Purer Genuss für Naschkatzen, die beim Schlemmen auf nichts verzichten wollen!

- » **neue Dessertideen und süße Klassiker für jeden Anlass**
- » **garantiert erprobte und gelingsichere Rezepte**
- » **alles Wissenswerte rund um vegane Dessertzutaten**
- » **extra gekennzeichnet: Desserts ohne Soja, Gluten und Kristallzucker**
- » **mit wertvollen Superfoods: Chia-Samen, Matcha und Co.**
- » **besonders praktisch: mit ausführlichem Register**
- » **viele alltagstaugliche Rezepte, die sich im Handumdrehen und ohne außergewöhnliche Zutaten zubereiten lassen**

AUFLAGE:
2019 2018 2017 2016
4 3 2 1

Erlerstraße 10, A-6020 Innsbruck
E-Mail: loewenzahn@studienverlag.at
Internet: www.loewenzahn.at

UMSCHLAG- UND BUCHGESTALTUNG SOWIE GRAFISCHE UMSETZUNG:
Johanna und Stefan Rasberger, www.labsal.at

FOTOGRAFIEN: Giulia Pschandl-Schausberger,
außer S. 26, 28, 30, 32, 34 und 164 (Tablett mit Brötchen): Verena Kaiser

Gedruckt auf umweltfreundlichem, chlor- und säurefrei gebleichtem Papier.

Bibliografische Information Der Deutschen Bibliothek
Die Deutsche Bibliothek verzeichnet diese Publikation in der Deutschen Nationalbibliografie; detailliertebibliografische Daten sind im Internet über <http://dnb.ddb.de> abrufbar.

ISBN 978-3-7066-2600-2